本书是国家自然科学基金（项目编号：71503241）和中国科学院
大学优秀青年教师科研能力提升项目共同资助的研究成果

U0958744

中国区域环境规制政策的空间效应

基于产业区位的视角

Zhongguo Quyu Huanjing
Guizhi Zhengce de Kongjian Xiaoying
Jiyu Chanye Quwei de Shijiao

郑丹 著

中国财经出版传媒集团
经济科学出版社
Economic Science Press

图书在版编目（CIP）数据

中国区域环境规制政策的空间效应：基于产业区位的视角/郑丹著. --北京：经济科学出版社，2020. 12
ISBN 978-7-5218-1643-3

Ⅰ. ①中… Ⅱ. ①郑… Ⅲ. ①区域环境-环境政策-研究-中国 Ⅳ. ①X-012

中国版本图书馆CIP数据核字（2020）第105572号

责任编辑：王柳松
责任校对：隗立娜
责任印制：王世伟

中国区域环境规制政策的空间效应：基于产业区位的视角
郑丹 著
经济科学出版社出版、发行 新华书店经销
社址：北京市海淀区阜成路甲28号 邮编：100142
总编部电话：010-88191217 发行部电话：010-88191522
网址：www. esp. com. cn
电子邮箱：esp@ esp. com. cn
天猫网店：经济科学出版社旗舰店
网址：http：//jjkxcbs. tmall. com
季蜂有限公司印装
710×1000 16开 12. 25印张 180000字数
2020年12月第1版 2020年12月第1次印刷
ISBN 978-7-5218-1643-3 定价：56元

前　言

生产活动的空间分布，对优化生产力空间布局、形成合理产业分工体系具有重要的作用。随着中国市场经济体制的建立健全及基础设施水平的改善加强、国内区域经济一体化进程的不断加快，企业跨区域移动均呈现出明显的递增趋势。在产业的空间集聚和扩散过程中，部分工业污染物的过度排放引发了一系列严重的环境问题和生态污染问题。缓解环境保护与工业经济发展的矛盾，在保护环境的同时，引导产业在地区间的合理布局，已成为当前中国实现区域经济与环境协调发展面临的重大战略问题。制定和实施科学、有效的环境规制政策，是解决该问题的有效途径。因此，明确环境规制政策对产业空间分布的影响机制和传导路径，对各种环境规制工具进行政策模拟和预测，具有重大的研究意义。

在过去几十年的环境规制对产业空间分布的研究中，学术界对于环境规制效应的讨论主要围绕污染避难所假说展开。污染避难所假说理论认为，地区环境规制差异是导致污染产业转移的重要诱因。随着全球经济一体化进程的不断加快，贸易壁垒的削减为产业转移创造了有利条件。在此背景下，污染密集型产业倾向于从环境规制强度较高的发达国家转移到环境规制强度较低的发展中国家。随着环境污染问题的日益突出，中国环境规制政策力度逐年加强，环境规制下国内产业转移问题在近几年内成为国内相关领域研究、追踪的热点。学者们尝试在污染避难所假说理论框架下对中国污染避难所问题进行初步探索，取得了一些研究进展。但是，污染避难所假说理论以国际贸易为背景，关注的是发达国家污染企业的跨国区位选择问题，因此，在解释国家内部产业分布时存在一定的局限性。

首先，在理论机制上，污染避难所假说认为，本地提高环境规制标准将导致企业治污成本增加，利润减少，从而促使企业迁移到环境规制标准相对宽松的地区。因此，环境规制会促进污染产业在空间上的扩散，虽然这种扩散作用会因地区集聚经济效应而削弱，但在污染避难所假说的理论框架下，环境规制通常被认定为驱动产业空间转移的分散力。在实证分析中，这种分散机制却一直缺乏相应的经验证据支持，很多研究污染密集型产业空间布局的实证分析结果都显示，环境规制并没有对产业跨国转移产生促进作用或者基本上没有促进作用。对于污染避难所假说存在性的争议，在一定程度上弱化了污染避难所假说理论的解释力。

其次，在政策含义上，污染避难所假说成立，则使地方政府在制定环境规制政策时陷入两难境地。一方面，地方政府希望通过严格的环境规制减少本地污染物排放，改善本地环境质量；另一方面，严格的环境规制政策通常会导致本地企业外迁，造成税收损失、失业、本地经济增长速度放缓。在实际政策制定过程中，出于对企业外迁带来负面影响的顾虑，地方政府往往缺乏提高环境规制标准的内在动力，甚至会纷纷降低环境标准，以此来吸引更多的污染企业，引发地区间的“冲向底部”的竞争。部分经济不发达地区反而成为污染企业的避难所，这意味着，污染避难所假说理论对地方政府的环境规制政策设计缺乏实际指导作用。

针对污染避难所假说理论在分析环境规制政策效应方面的局限性，本书在梳理相关理论研究和实证研究的基础上，对中国的环境规制政策对于产业空间分布的影响进行了全面、系统的研究。本书主要考察了不同理论框架下，环境规制影响产业空间分布的机制和传导路径；对现阶段中国环境规制强度和产业空间分布的演进规律，进行了定量分析；对环境规制的产业空间分布效应，进行了实证检验；对各种环境政策工具的政策效应，进行了评估和比较分析。

本书共计 7 章。

第 1 章，是对相关文献的综述。分别从国际贸易、战略管理、区域和城市经济学三个领域，回顾了环境规制对产业转移、技术创新以及要素空间流动的影响。与传统的国际贸易领域的污染避难所假说理论相比，战略管理领域的著名学者迈克尔 · E. 波特提出了波特假说，强调严格的环境规制会诱发企业技术革新，提升企业竞争力。地区便利性是区域和城市经济学领域的重要研究内容。在地区便利性理论框架下，环境规制提升地区环境便利性，成为促进劳动力集中、企业空间集中的集聚力量。

第 2 章，系统回顾了中国环境管理体系建立和发展的历程。按照实施的强制性程度，将环境规制工具分为正式环境规制工具和非正式环境规制工具。正式环境规制工具包括，政府主导的命令控制型环境规制工具和市场主导的经济型环境规制工具；非正式环境规制工具包括各类公众参与型环境规制工具。本章详细介绍了不同类型的环境规制工具在中国的具体实施情况，分析比较了不同类型环境规制工具的特点。

第 3 章，采用实证分析方法，检验了各类环境规制工具的政策效应。环境规制的首要目标是节能减排，控制污染物排放，提高地区生活环境质量。环境规制的主要对象是企业的污染排放行为，这意味着，环境规制同时会对企业的生产经营活动产生重要影响。本章从宏观减排和微观就业两方面入手，比较了不同类型的环境规制工具在减排效应和就业效应上的差异。

第 4 章，从正式环境规制和非正式环境规制两个方面，构建正式环境规制指数和非正式环境规制指数，对地区环境规制的空间差异进行了测度。在策略性互动视角下，对影响地方环境规制行为的因素进行了实证检验。侧重分析了地方政府间的环境政策策略性互动行为，并在此基础上探讨了地方政府如何设定、执行本地环境规制政策，揭示地区间环境规制空间差异形成的原因。

第5章，将环境规制政策异质性引入污染避难所假说，利用2004～2013年中国环境规制和污染产业的面板数据，对污染避难所假说进行了实证检验。本章在多元治理框架下，总结了当前中国环境规制政策体系的构成和特点，分析了政府、公众以及企业在中国环境规制体系中扮演的不同角色。在产业区位熵指数的基础上，本章构建了反映污染产业空间转移的产业转移指数，根据产业转移指数的计算结果，分别总结了污染部门整体，大气污染密集型行业和水污染密集型行业在地区间的集聚、转移趋势。在实证检验部分，本章通过估计单变量 Probit（Univariate Probit）模型来检验各类环境规制政策和污染产业转移的关系，进而通过估计双变量 Probit（Bivariate Probit）模型来检验各类环境规制政策的影响是否在污染行业之间存在差异。

第6章，从理论和实证两方面，考察了城市便利性对要素空间流动和城市集聚发展的影响机制和传导路径。本章构建了一个包含城市污染治理投资的要素自由流动的空间选址模型，揭示了城市环境治理对企业和劳动力跨区域转移的影响机制。城市污染治理水平提高，改善了城市人居环境，降低了企业的减排成本，提升了城市对人口和企业的吸引力。企业和人口的集聚，改变了城市劳动力市场上的供给和需求，由此导致均衡工资的变动。在实证分析中，利用中国家庭收入调查（2007）的数据，本章实证检验了城市政府的环境治理投资对个人工资收入的影响。

第7章，构建了一个包含环境便利性特征的“城市便利性—城市集聚”的概念模型，对环境规制政策下城市便利性影响产业空间分布的机制和传导路径进行了分析。利用2013年中国地级市数据，本章采用联立方程模型三阶段最小二乘（3SLS）估计方法，对城市便利性对于产业集聚的促进作用进行了实证检验和政策模拟。

本书是国家自然科学基金项目（项目编号：71503241）和中国科学院大学优秀青年教师科研能力提升项目共同资助的研究成果。日本名古屋大学名誉教授黑田达朗（Tatsuaki Kuroda）和浙江大学石敏俊教授对本书的研究工作给予了大量指导，博士研究生逄瑞参与了部分实证研究的数据整理工作。在此表示特别感谢！

郑丹

2020年2月于北京

目　录

第1章

环境规制政策与产业空间分布：相关研究进展综述

1.1 污染避难所假说：环境规制与产业转移

1.1.1 污染避难所假说的源起

20 世纪 70 年代，随着民众环保意识的觉醒，以美国为代表的资本主义国家纷纷开展大规模的环境保护运动。与此同时，全球区域经济一体化进程不断加快，环境政策对于污染产业跨国转移的影响开始受到学者的广泛关注。

一是国家间的环境规制差异是客观存在的，环境质量通常被看作是一种正常物品，人们越富裕，对环境质量的需求就越高。发达国家的国民比发展中国家的国民对环境质量的需求更高。此外，率先完成工业化的发达国家正面临着产业结构转型升级，以高新技术为代表的清洁行业逐渐取代重化工业为代表的污染行业，成为发达国家的新经济增长点。居民对环境质量的需求升级和产业升级，共同推动了发达国家政府对环境规制和污染治理的重视。与发展中国家相比，发达国家普遍实行了更为严格的环境规制措施。

二是发展中国家往往采用外向型发展战略来促进本国经济的发展，吸引外资是最常见的一种策略。以中国这样的发展中大国为例，外商直接投资（FDI）流入在中国经济崛起的过程中扮演了至关重要的角色（Eduardo et al.，1998；Zhang，2001；魏后凯，2002）。经济发展和环境保护的权衡，是大多数发展中国家政府都要面对的问题。在经济发展初级阶段，大多数国家都把经济发展放在了优先地位（许庆明，2001；包群等，2013；Pang et al.，2019）。在吸引外资过程中，发展中国家普遍提供了各种优惠政策来竞争投资，宽松的环境规制成为地方政府引资竞争中的重要筹码（Kunce and Shogren，2005；贺灿飞和周沂，2016）。

发达国家与发展中国家的环境规制差异，成为污染产业转移的重要诱因。在国际贸易的要素禀赋理论中，国家根据要素禀赋所决定的比较优势参与国际分工，如果发达国家和发展中国家只在环境规制的严格程度上存在差异，那么，国家间贸易分工的结果，就是环境规制相对宽松的发展中国家将为污染产业提供成本优势。随着全球经济一体化进程的不断加快，贸易壁垒的削减为污染产业转移创造了有利条件，一些发展中国家专业化地从事污染产业生产，污染产业进一步向发展中国家转移。

环境规制政策与产业转移的研究，最早出现在国际贸易领域的文献中。沃尔特和乌格鲁（Walter and Ugelow，1979）提出了著名的污染避难所假说（pollution haven hypothesis）。根据污染避难所假说，污染密集型产业倾向于从环境规制强度较高的发达国家转移到环境规制强度较低的发展中国家。环境规制政策的产业转移效应，将导致发展中国家成为污染产业的避难所。

科普兰和泰勒（Copeland and Taylor，1994）对污染避难所的产生机制进行了完整的论述。该文献构建了一个静态一般均衡模型（CT 模型）来阐明国际贸易和环境污染之间的关系。CT 模型是污染避难所理论的标准模型，包括三个重要的前提假设：一是国家间具有明显的收入差异；二是产业间的污染强度明显不同；三是环境质量是一种正常物品。

在CT模型的基本设定中，包括两个国家（北方国家和南方国家）。北方国家是一个高度发达的国家，人力资本要素丰富；南方国家是一个欠发达的国家，人力资本要素稀缺。每个国家都生产连续量的消费品。某种消费品（z）的产出（y）是有效劳动投入（l）和污染排放（d）的函数，记作y（d，l，z）。对于给定的产出水平，每个企业都可以选择相应的生产技术。假设劳动力投入和污染排放两种要素可以相互替代，因为行业的污染强度不同，所以，不同行业的企业的生产技术也不同，清洁行业的企业会选择用更多的劳动力投入代替污染排放，而污染行业的企业则会选择一种多污染排放、少劳动力投入的生产技术。

与劳动力投入要素相比，在没有环境规制的情况下，企业不用为污染排放承担任何成本。因此，两个国家必须实行环境规制措施，将污染的外部性内部化于每个生产企业的成本中。假设两个国家采用征收环境税的手段对污染排放进行规制，发达的北方国家实施的环境规制措施比南方国家严格，因此，北方国家的环境税率高于南方国家。

在封闭的自给自足经济情况下，北方国家环境税率更高，污染产品的价格在北方国家更高，而在南方国家相对更低。在自由贸易情况下，污染产品的生产开始向南方国家转移，而清洁产品的生产开始向北方国家转移。国际贸易分工的结果是，北方国家专业化生产清洁行业产品，北方国家的污染水平随着污染行业的转移而下降。与此同时，南方国家专业化生产污染行业产品，南方国家的污染水平随着污染行业的迁入而上升。从全球贸易视角来看，贸易自由化对环境产生了显著的不利影响。污染强度最高的行业转移到环境规制水平最低的国家，最终将导致全球污染水平上升。

1.1.2 污染避难所假说的拓展研究

在国际贸易往来不断密切的背景下，贸易对环境的影响成为国际贸易领域的重要议题。污染避难所假说一经提出，就在国际贸易领域引发了强烈反响，很多学者尝试利用贸易数据和环境规制数据对污染避难所假说进行实证检验。但大多数实证结果并没有为污染避难所假说提供实证证据，学术界对于污染避难所假说是否成立一直存在较大争议。理论研究与实证检验的差异，推动了污染避难所假说的进一步发展。后续文献从各个角度对污染避难所假说进行了修正和完善。

泰勒（Taylor，2005）率先对其 CT 模型进行了剖析，对实证分析中如何检验污染避难所假说给出了建议。泰勒（2005）指出，CT 模型中的很多理论假设，与现实世界中的产业转移或双边贸易并不相符。

第一，在 CT 模型中，假设环境规制强度是影响产业转移的唯一因素，而在现实中，除了环境规制以外，产业区位还与其他国家特征（如交通基础设施、政策干预）密切相关（Cieslik，2005；Du et al.，2008），在控制了其他因素对产业转移的影响后，环境规制差异的作用往往会变小，或者不明显。

第二，在 CT 模型中，假设贸易是完全自由化的，而实际上发达国家和发展中国家之间的贸易往来仍然要面对各种贸易壁垒。这导致国家间并不能如 CT 模型预测的实行完全的国际分工，发展中国家不会完全地专业化生产污染产品，污染密集型行业也不会完全地转移到环境规制宽松的发展中国家。

第三，在 CT 模型中，各国政府在制定环境规制措施时不会考虑其他国家的环境规制策略。而实际上，国家间或者地区间存在环境政策策略性互动（科尔斯塔德，2016），一国的环境政策很有可能受到邻国环境政策的影响。当地方政府之间存在策略性的互动行为时，环境规制的强度就不像 CT 模型中设定的那样，只是由本国自身的属性特征（如本国居民收入）所决定。

第四，CT 模型假设环境规制政策是完全有效的，这意味着，政府的环境规制措施可以有效地将污染带来的外部性内部化到企业的生产成本上。但在现实中，环境规制的政策效果取决于环境规制的执行力度，即政府是否有意愿去严格地执行环境规制政策。在大多数发展中国家，环境保护与经济发展的矛盾导致地方政府缺乏严格执行环境规制的激励（许庆明，2001；包群等，2013；Pang et al.，2019）。在这种情况下，国家即使制定了严格的环境标准和减排目标，因为缺乏有效执行，所以，很多环境规制政策的减排效果并不理想（郑石明等，2015；Valadez and Hu，2016）。此外，在 CT 模型中，企业异质性体现在其生产技术的差异上，企业遵循政府的环境规制，只能通过改进生产技术来减少污染排放。

在此基础上，泰勒（2005）提出了污染避难所效应（pollution haven effect，PHE），强调发达国家严格的环境规制政策将导致企业承受更高的污染治理成本，为避免环境外部成本，企业将向实施宽松环境政策的发展中国家转移，进而导致污染产业转移。针对上述 CT 模型中存在的不足和缺陷，后续文献分别从地区属性与环境规制的关系（Elbers and Withagen；2004；Wu，2004；Regibeau and Gallegos，2004；Fredriksson and Mani，2004）、环境规制与生产成本的关系（McAusland，2004；Golombek and Hoel，2004）等方面，对 CT 模型进行了理论拓展和补充。

20 世纪 90 年代，新经济地理学（new economic geography，NEG）兴起，经济地理因素的重要性在新经济地理模型中得以体现（Krugman，1998）。从空间上看，产业转移表现为产业空间集聚和扩散的过程。从理论起源上看，NEG 理论与传统的国际贸易理论具有很多相似性（张文忠，2003）。NEG 理论的创立者——2008 年诺贝尔经济学奖得主保罗·克鲁格曼（Paul Krugman）就是一位国际贸易学家。从研究对象上看，国际贸易学关注宏观的国家尺度上的贸易分工，以及要素空间流动；而 NEG 模型关注中观的区域尺度上产业活动的空间分布。

在 NEG 理论框架下，部分文献尝试对环境规制问题和产业转移问题进行研究，维纳布尔斯（Venables，1999）通过一个垂直关联模型，对环境规制对于污染企业厂址的影响机制进行了研究，结论表明，贸易双方中一方改变环境规制强度，将会导致企业发生“突发性”的集聚，而在促使产业集聚因素的作用下，产业空间分布存在多重均衡。曾和赵（Zeng and Zhao，2009）创新性地将跨部门产业污染引入 NEG 模型，对污染避难所假说的理论机制进行了拓展研究。在基本模型设定中，包括两个国家和两个部门（制造业和农业）。制造业部门的生产，一方面，会造成跨越国境的污染；另一方面，还会导致本国农业部门产出下降，同时降低本国的收入水平。研究表明，在地区间不存在比较优势差异的情况下，环境规制政策对制造业空间分布产生生产成本增加效应和需求减少效应。产业的空间分布最终由这两种效应共同决定，在需求减少效应占主导作用时，将不会发生产业转移；同时，环境规制的产业转移效应受到集聚因素的影响，集聚经济会削弱污染避难所效应。如果大国的环境规制水平只是比小国稍微严格，那么，污染避难所现象就不会出现。

近几年，部分文献开始对环境规制下国内污染产业跨地区转移的机制进行了研究。金祥荣和谭立力（2012）根据中国出现的“污染西迁、高技术产业东移、工业产值向东部集聚”的现象，构建了一个 NEG 模型，分析了环境规制差异对区域产业转移和地区产业结构的影响。地区整体的产业份额对环境政策的差异不敏感，而清洁行业和污染行业却对环境政策的差异十分敏感。欠发达地区较低的环境规制在吸引了大量污染行业的同时，驱逐了本地的清洁行业，污染行业迁入及清洁行业迁出并没有带来本地产业规模的扩大，反而导致本地产业结构中污染行业的份额逐渐增大，致使当地承受了大部分由环境污染导致的福利损失。同样，在NEG理论框架下，安虎森和何文（2013）将居民对环境质量的偏好引入效用函数中，研究结论认为，环境对产业区位的影响力随着环境的恶化或者社会环保意识的提高而增强。这为发达地区在产业发展到一定水平后会提高环境规制标准提供了一种理论解释。

1.1.3　污染避难所假说的实证检验

1.1.3.1　外文文献研究进展

在国际贸易领域，关于污染避难所假说的检验，主要从贸易模式和产业跨国转移两个方面展开。在贸易模式方面，污染避难所假说表明，在自由贸易情况下，环境规制的差异导致专业化分工。环境规制严格的国家专业化生产并出口清洁产品，环境规制宽松的国家专业化生产并出口污染产品。沿着这一思路，部分文献利用国际贸易数据，检验了环境规制对国家净出口的影响。例如，托比（Toby，1990）检验了23个国家污染密集型行业的净出口情况。23个国家中有一半是发达国家，而另一半是发展中国家，污染密集型行业包括5个行业，即采矿业、造纸业、化工业、钢铁业以及其他冶金行业。托比（1990）将每个行业的净出口额作为因变量，将行业对应的资源禀赋（包括资本、劳动、土地、自然资源等11个种类）和环境规制强度作为自变量进行了回归分析，结果发现环境规制变量的系数并不显著，由此判断环境规制的差异对污染密集型产品出口并没有产生显著影响。格罗斯曼和克鲁格（Grossman and Krueger，1993）关于美国、墨西哥贸易流动的检验结果也与托比（1990）的研究结果类似，环境规制对贸易模式没有影响。在控制了国际贸易模式、行业环境规制成本等因素的影响后，艾德林顿等（Ederington et al.，2005）也发现，发展中国家的污染产品进口并没有受到环境规制政策的影响。此外，玛尼和惠勒（Mani and Wheeler，1999）对1960~1995年的贸易数据进行了整理，发现经济合作与发展组织（OECD）成员中污染产出与非污染产出的比率持续下降，同期污染密集型产品的进口额的比率与出口额的比率持续上升。而在拉丁美洲国家和大部分亚洲国家（日本除外），污染行业的进口比例与出口比例持续下降。这间接证明，OECD 严格的环境标准促使污染密集型产业向环境规制宽松的发展中国家转移。

从总体上看，大部分早期实证研究并未对污染避难所假说提供证据支持。究其原因，部分文献结果表明，环境规制对贸易能否发生显著影响，取决于环境规制成本的分配（Cassells and Meister，2001）、国家政策（Larson et al.，2002）、资源禀赋（Cole and Elliott，2003）或者行业特征（Cole and Elliott，2005）的调节作用。因此，要正确地估计环境规制对贸易的影响，必须在实证分析中对这些因素进行控制和处理。部分文献从计量模型设定和估计技术的角度出发，对早期实证研究中为何得出环境规制与贸易政策无关的结论进行了深入讨论。早期研究多使用截面数据，而且，在回归分析中将环境规制看作一个外生变量（Brunnermeier and Levinson，2004）。但实际上，在传统的污染避难所理论模型中，环境规制的严格程度是由国家特征（如收入水平）内生决定的，贸易会显著地影响收入，因此，一国的环境规制水平与贸易之间存在反向因果关系。早期的实证研究并没有在回归中对环境规制变量的内生性进行处理，由此导致模型估计结果存在偏差。在利用面板数据控制了不可观测的国家特征或者行业特征，并对环境规制的内生性进行处理后，多数研究结果都证实了环境规制与贸易流动之间存在负向相关关系（Ederington and Minier，2003；Cole and Elliott，2003；Levinson and Taylor，2008；Cole and Fredriksson，2009）。

在产业跨国转移方面，污染避难所假说意味着，国家间的环境规制差异将导致污染密集型行业从环境规制严格的国家转移到环境规制宽松的国家。这方面的实证研究，多利用资本跨国流动的数据展开实证分析。与环境规制对贸易影响的研究类似，实证分析中对于环境规制与 FDI 的关系也存在较大争议。邢和科尔斯塔德（Xing and Kolstad，

1997）对美国多个产业部门的 FDI 与环境规制之间的关系进行了估计，研究结果显示，对于污染密集型行业（如重化工业）来说，环境规制的作用十分显著，而对于非污染密集型行业（如电子产品行业）来说，环境规制几乎没有显著的影响。这说明，宽松的环境规制对污染行业 FDI 起到了吸引作用。但后续研究却对环境规制的作用提出了质疑，部分文献发现 FDI 选址主要受到东道国基础设施、市场状况、集聚经济等因素的影响（Brunnermeier and Levinson，2004；Wagner and Timmins，2009），而环境规制在 FDI 选址中的作用并不显著（Ratnayake and Wydeveld，1998；Raspiller and Riedinger，2008）。即使是在控制了模型中环境规制变量内生性的情况下，环境规制对 FDI 的吸引作用依旧十分有限，只能为污染避难所假说关于产业转移的推论提供较弱的证据支持（Smarzynska and Wei，2001）。

国家间存在贸易壁垒，因此，实证分析中很难在贸易自由化的前提下检验污染避难所假说。相比之下，一国内部地区间的贸易，往往更容易满足 CT 模型中关于贸易自由化的前提假设。此外，对于大国而言，国家内部地区之间的要素禀赋和经济发展水平存在较大差异，地方政府为了吸引投资往往会展开环境政策策略性互动，地区间的环境规制差异十分明显。越来越多的学者利用一国内部环境规制和产业区位的数据来对污染避难所假说进行检验，以便考察一国内部的环境规制差异是否会对污染产业的区位产生影响。绝大部分环境规制与地区间产业转移的实证研究，都以美国为研究对象展开。

因为数据的获取性和估计技术的问题，所以，早期实证研究多采用截面数据、加总数据且通常研究的地理单元尺度都较大（如以美国全国或美国的州为地理单位），模型估计方法单一，缺乏稳健性，在模型设定上很少考虑企业、产业的异质性问题。因此，这些研究的结果并不支持环境规制强度增大导致企业转移的推论（Bartik，1988；McConnell and Schwab，1990；Friedman et al.，1992；Levinson，1996）。随着数据库中相关数据的丰富及估计技术的发展，越来越多的实证分析开始采用面板数据和城市或更小的地理单元，模型的估计方法和设定也更加全面（Henderson，1996；List and Co，2000；List，2001），对企业异质性和环境规制工具差异都进行了深入探讨，从而对污染避难所假说是否成立给出了更为详尽的判断。例如，摩根和康迪飞（Morgan and Condliffe，2009）以美国的县（county）作为地理单元，利用1996～2000年美国新企业的面板数据，考察了各县之间在环境规制方面的差异对企业选址的影响，其研究结果表明，对于空气质量方面的环境规制对污染密集型企业新企业的选址产生显著的负影响，而对其他非污染密集型企业的选址则不起作用。

1.1.3.2 中文文献研究进展

改革开放后，中国逐步加快了承接国际产业转移的步伐，吸引外资规模迅速扩大，许多中外文文献开始关注中国吸引外资过程中的污染避难所效应问题。在近十年中，出现了大量研究中国地区间环境规制差异与FDI选址问题的中文文献，这些中文文献参考了大量外文文献实证分析中积累的经验，因此，对环境规制的FDI吸引效应的实证分析也更加细化。例如，刘志中和陈果（2009）利用2003～2006年中国的196个城市的数据，通过建立面板数据模型，对环境规制对于FDI区位分布的影响进行了实证检验，结果显示环境规制对FDI具有负效应，且这种负效应在中西部地区要大于东部地区。从总体上看，实证分析的结果大多为FDI投资中的污染避难所效应提供了一定的证据支持。郭建万和陶锋（2009）将环境规制因素纳入新经济地理模型框架下，考察了外商直接投资对环境规制的敏感程度，研究结果表明，在中国，污染避难所效应一定程度上成立并且会受到产业集聚程度的影响。

随着中国地区间环境规制差异的扩大和产业转移战略的实施，环境规制政策和国内产业转移问题成为相关领域的研究热点。较早的文献对产业在地区间的转移现象给予了一定关注。在实证研究方面，傅帅雄和张可云（2011）借鉴既有研究，利用2005~2007年各个省（区、市）2位码的工业数据，实证分析中国区域间的污染避难所效应。研究结果表明，中国中西部地区环境规制力度普遍低于东部地区，污染密集型产业转移受到环境规制影响，而转移到中西部地区。魏玮和毕超（2011）利用2004~2008年产业转移中新建企业的面板数据，证明中国产业区域转移中存在污染避难所效应。此外，还有一些文献以某一个地区（仇方道等，2013）或某一个产业（虞祎等，2011）为研究对象，考察环境规制下污染密集型产业的转移问题。研究结果表明，产业转移不仅在区域间发生，在区域内部也存在。例如，周浩和郑越（2015）发现，东部地区内部存在着污染型企业从经济发达地区转移到经济欠发达地区的“腾笼换鸟”现象。沈等（Shen et al.，2017）发现，环境规制驱使一批污染企业从广东省珠三角地区转移到省内其他地区。

近期研究从环境政策异质性视角和企业异质性视角出发，对污染避难所假说在中国是否成立进行了深入分析。这些研究的结论，主要有以下三类。

第一，污染企业是否迁移与环境规制的类型有关，市场型环境规制和公众参与的环境规制更易导致新建污染企业迁移，制度化环境规制的制度透明度增加、交易成本降低，反而对企业的吸引力增强（Zheng and Shi，2017）。工业污染“源头治理”的环保投资，对于产业转移的作用更为明显（钟茂初等，2015）。

第二，部分文献认为，污染避难所假说的成立与否与企业异质性有关。企业的资本密度越高，区位选择受环境规制的影响越小；环境规制对重污染行业新建企业的影响，远高于轻污染行业（魏玮和毕超，2011）。新建污染企业倾向于从环境规制严格的中国东部地区转移到环境规制相对宽松的中西部地区（傅帅雄等，2011；周浩和郑越，2015；Wu et al.，2017）。

第三，污染避难所效应与环境规制强度之间存在非线性关系。周沂等（2015）和钟茂初等（2015）发现，当环境规制强度低于一定阈值时，技术进步导致污染处理成本降低，反而会吸引新建污染型企业；当环境规制强度超过该阈值后，治污成本增加会导致新建企业向外地迁移，推动产业结构调整。

1.2 波特假说：环境规制、竞争力与产业区位

1.2.1 波特假说的源起和理论基础

污染避难所假说成立的重要前提在于环境规制会对企业成本产生负面影响，部分文献考察了环境规制政策对企业的消极影响，发现环境规制导致企业将原本投入生产中的资金转移到污染治理上，从而导致企业减排成本提升，竞争力下降，并最终影响国家和地区的经济增长（Jorgenson and Wilcoxen，1990；Greenstone，2001），又被称为成本假说（Jaffe et al.，1995）。

20 世纪 90 年代，针对污染避难所假说和成本假说，战略管理领域的著名学者迈克尔·E. 波特（Michael E. Porter）提出了新的观点，严格的环境规制会诱发企业技术革新，并最终因低成本领先于竞争对手，从长期来看，环境规制实际上会提高行业或国家的竞争力（Michael E. Porter 1991；Michael E. Porter and Linde，1995），这一理论被称为波特假说。对于政策制定者而言，波特假说具有极强的政策含义（Gore，1992），这意味着，政策制定者可以避免经济发展和污染治理的权衡，在竞争力、环境质量方面获得双赢。

波特假说是在战略管理理论框架下构建并提出的，利用案例分析方法，波特和林德（Porter and Linde，1995）证实经历严格环境规制的公司竞争力得到提升，取得了成功，为波特假说提供了证据支持。但在经济学界，波特假说是否成立一直存在很大争议，其结论在经济学实证分

析中尚未得到广泛认可。从经济学的理论框架出发，企业主应该是理性的，总以成本最小化或者利润最大化为其生产经营目标。污染避难所假说的理论模型建立的前提和逻辑依据，就是短期内环境规制会提高企业的减排成本，导致企业利润下降。经济学家认为，天下没有免费的午餐（Xepapadeasa and Zeeuwb，1999），面对严格的环境规制，企业家缺乏主动进行环境技术创新的经济激励。此外，波特假说脱离了对环境政策成本收益的分析，而这恰恰是经济学者认为最重要的问题（Palmer et al.，1995）。

面对经济学界的质疑，波特回应“企业并不总能做出最优的选择”，经济学关于企业主是理性人的假设存在一定问题。信息不对称、公司组织管理低效或者市场失灵，都会导致企业家无法做出最优决策。因此，企业家并不能一直以实现利润最大化为目标（Ambec et al.，2011）。

与传统的主流经济学关于理性人的假设不同，组织行为经济学从企业家的非理性决策出发，探讨了环境规制对创新的激励机制和影响路径。在组织行为经济学的框架下，公司的发展决策由其企业家，即经理人所决定。高回报的投资项目往往具有更大的风险和更高的投资成本，如果公司的经理人是风险规避型的，或者对投资成本变动十分敏感，那么，公司的经理人可能就不会选择高回报的项目进行投资（Aghion et al.，1997；Ambec and Barla，2006）。这也解释了为什么公司的决策并不是最优的。创新投资需要企业在当期先投入大量经费，而这些创新投资的回报是不确定的，只有在长期内才能显现。这导致风险规避型经理人或者更偏好当期效益的经理人，不会选择对企业创新活动进行投资（Ambec and Barla，2006；Chowdhury，2010）。而政府的环境规制降低了创新投资的风险，这有助于经理人克服自身的风险规避问题，选择更有利可图的投资项目，由此推动企业利润的增长。

1.2.2　波特假说的相关实证分析

根据杰夫和普拉姆（Jaffe and Plamer，1997）的分类，经济学界关于波特假说的实证分析主要包括三部分：（1）强波特假说检验；（2）弱波特假说检验；（3）狭义波特假说检验。

1.2.2.1 强波特假说的实证检验

强波特假说主要检验环境规制能否提升企业竞争力，这也是波特假说的核心论断。在实证分析中，通常以产出增长快慢或生产率高低（包括劳动生产率和全要素生产率）来反映企业竞争力水平。产出增长越快，生产率越高，企业竞争力越强。早期研究多利用加总数据，估计产业层面、部门层面或国家层面上的生产率和环境规制的关系。后续研究采用微观层面的企业数据，对地区环境规制对于企业生产率的影响进行检验。从总体上看，在实证分析中，对于环境规制和企业竞争力的关系主要有三种观点。

第一，与强波特假说的推测相反，环境规制对企业生产率产生负向影响。

关于强波特假说的早期研究以美国20世纪六七十年代的生产增速放缓为背景，考察了美国环境规制政策对制造业部门产出增长的影响（Christainsen and Haveman，1981；Jaffe et al.，1995）。部分文献使用宏观层面的加总数据，从行业层面或部门层面检验环境规制的影响。例如，盖瑞（Gary，1987）利用450个制造业4位码行业在20世纪70年代的数据进行了检验，发现12%的制造业生产下降都可归因于环境规制政策的实施。芭芭拉与麦克康奈尔（Barbera and McConnell，1986，1990）的研究进一步发现，20世纪60～80年代的污染减排规制对化学部门和初级金属部门的要素生产率产生明显的负向影响，导致这些行业的生产率下降，降幅在9%～55%。对其他国家（加拿大和韩国）经验研究发现，环境规制导致企业生产成本上升，从而抑制了行业增长（Smith and Sims，1983；Lee，2007）。部分文献利用微观层面的企业数据，检验环境规制对企业个体产出影响。例如，盖洛普和罗伯茨（Gollop and Roberts，1983）发现，严格的二氧化硫（SO_2）减排措施降低了美国发电厂的产出增长。盖瑞和谢德博瑞恩（Gray and Shadbegian，1995）考察了环境规制对污染企业的影响，测度环境规制的生产率损失。该文献研究结果表明，污染企业减排投资每增加1美元，钢铁行业企业的产值将下降3.28美元。关于造纸行业的研究也发现，造纸企业生产率随着减排投资增加而显著下降（Boyd et al.，1999；Gray and Shadbegian，2003）。

第二，环境规制促进了企业生产率的提高，这为强波特假说提供了证据支持。

与早期研究结果不同，2000年后，部分文献发现环境规制对企业生产率产生了正向影响。在一篇极具代表性的论文中，博尔曼和布伊（Berman and Bui，2001）检验了1972～1992年美国加利福尼亚州大气环境规制对炼油企业产出的影响。美国加利福尼亚州的南部海岸地区实施的环境规制要比加利福尼亚州其他地区更加严格，这意味着，位于南部海岸地区的炼油企业将面临更加严格的环境规制和更高的污染减排成本。博尔曼和布伊（Berman and Bui，2001）将位于美国加利福尼亚州其他地区的炼油企业作为参照组，对比分析环境规制对位于不同地区炼油企业的影响。该文献结果表明，尽管严格的空气污染管制措施提升了企业的污染治理成本，但是，炼油企业的产出并未受到负面影响，实施严格环境规制地区的企业的生产率在1987～1992年呈现出明显的上升趋势，而同一时期其他地区的炼油企业的产出却显著下降了。环境规制对产出的促进作用，在其他行业的实证分析中也得到证实（Alpay et al.，2002；Lanoie and Patry，2008）。此外，其他国家的研究也证实了强波特假说。例如，浜本（Hamamoto，2006）的研究发现，环境规制促进了20世纪六七十年代日本制造业部门的技术创新和产出增长。

第三，环境规制与企业生产率之间的关系并不明确，部分文献指出，环境规制可以看作影响企业生产率的一个潜在因素（Triebswetter and Wackerbauer，2008），其影响的大小和方向都是无法确定的

(Walley and Whitehead, 1994; Jaffe et al., 1995)。污染密集型行业受环境规制政策的影响较大，而其他行业则可能对环境规制变化不敏感。此外，不同的污染密集型行业对环境规制的反应也不相同（Shadbegian and Gray, 2005）。因此，关于环境规制究竟是提升还是降低制造业企业的生产率，学者们尚未得出统一结论。贝克尔（Becker, 2011）对1980~1982年、1984~1986年以及1988~1994年三个时期美国企业的减排成本和企业生产率进行了回归分析。其估计结果显示，对于全样本中一个处于平均水平的制造业企业而言，环境规制变动导致企业劳动生产率下降0.09%，但是，当控制内生性之后，这一结果就变得不显著。贝克尔（2011）强调，这并不意味着环境规制对企业生产率下降不起作用。回归分析反映的是均值结果，因此，估计结果只是证实对于制造业企业而言环境规制的时空变化并不会产生显著影响。对于污染密集型行业的企业而言，环境规制导致的企业减排成本上升仍然是一个重要的问题。其他利用全行业样本数据检验波特假说的研究也得出了类似的结论，环境规制的影响在污染密集型行业中更容易得到证实（Becker and Henderson, 2000; Greenstone, 2002; Becker, 2005）。

1.2.2.2 弱波特假说的实证检验

弱波特假说主要检验环境规制是否会激励企业技术创新。在实证分析中，企业技术创新主要有两种度量方法：一种是利用企业的创新投入（如R&D经费）作为衡量指标；另一种是利用企业的创新产出（如专利）作为衡量指标。两种指标都是正向指标，企业创新投入越多，创新产出越多，则企业的技术创新越多。在波特假说提出20周年之际，安倍克等（Ambec et al., 2011）系统性地回顾了波特假说的相关实证检验，在弱波特假说部分总结到，大部分实证研究都肯定了环境规制对技术创新的激励作用，虽然在不同的样本中环境规制影响的程度存在差异。与强波特假说的普遍争议不同，弱波特假说在大多数国家和行业的分析中都得到了证实。例如，杰夫和普拉姆（Jaffe and Palmer, 1997）率先利用工业行业数据同时检验了环境规制对美国行业的创新投入和创新产出的影响，结果发现环境规制促进了行业研究与开发（R&D）投资增长而对专利申请并没有显著影响。其他行业、国家的实证研究也为弱波特假说成立提供了证据支持（Lanjouw and Mody，1996；Brunnermeier and Cohen，2003；Popp，2003；Johnstone et al.，2010；Chakraborty and Chatterjee，2017）。

在波特假说的表述中，环境规制通过促进创新来增强企业竞争力。由此可见，技术创新是环境规制影响竞争力的重要途径。因此，部分文献将环境规制、企业技术创新与企业产出关联起来，采用系统方程估计方法，对强波特假说和弱波特假说进行了联合检验。兰尼等（Lanoie et al.，2011）利用2003年来自7个OECD国家（加拿大、法国、德国、匈牙利、日本、挪威和美国）4200家工厂的样本数据，对不同类型的波特假说进行检验。兰尼等（2011）构建了一个包含三个方程的联立方程组模型，三个方程的被解释变量分别是环境创新、环境绩效和商业绩效。其估计结果证实了弱波特假说，严格的环境规制促进了企业的创新投入，创新进一步推动了企业的商业绩效。但环境规制同时直接导致更大幅度的商业绩效下降，在剔除环境规制通过创新对商业绩效的间接促进作用之后，环境规制对商业绩效的净效应为负，因此，模型结果并未证实强波特假说。这一结果意味着，一方面，环境规制是有成本的；另一方面，环境规制会促进技术创新，并间接促进产出增长，因此，环境规制的净成本实际上要小很多。其他研究也证实了技术创新能够调节环境规制对企业绩效的影响（Eiadat et al.，2008）。

1.2.2.3 狭义波特假说的实证检验

狭义波特假说主要检验环境规制政策设计是否会对企业创新和经济绩效产生不同的影响。波特假说在提出时就强调灵活的环境规制政策对激励企业创新和提升竞争力的重要性。通常，环境规制体系中包含多种环境政策工具。按照环境政策的目标，可以将政府部门制定和执行的环境政策分为两大类。第一类是管制型政策，目的在于约束污染企业的污染行为并控制污染物排放。政府部门经常采用的管制型政策包括，命令控制型环境政策，如环境标准、减排目标；经济型环境政策，如排污费、排污权交易；自愿型环境政策，如环境管理体系认证（Testa et al.，2011）。第二类是鼓励支持型政策，目的在于扶持企业进行绿色技术创新，推动环保产业发展，常用的鼓励支持性政策包括各种形式的环境补贴、税费减免（生延超，2013；原毅军和孔繁彬，2015）。

在狭义波特假说中，环境规制的解释变量通常是各种类型的环境政策工具。已有研究发现，污染交易许可（Jaffe et al.，2002）、环境管理系统（Iraldo et al.，2009）、自愿环保项目（Brouhle et al.，2013）、ISO14001 国际体系认证（Teng et al.，2014）等环境政策工具，都对企业技术创新和经营绩效产生了促进作用。此外，部分文献对不同类型的环境政策工具的作用进行了比较。泰斯拉等（Testa et al.，2011）检验了命令控制型管制、经济政策和自愿性“软管制”工具对企业创新和经济绩效的影响。结果表明，设计良好的命令控制型政策提升了企业竞争力，而经济手段降低了企业经济绩效。希利等（Hille et al.，2020）考察了各种政策工具对可再生能源行业技术创新的影响，研究结果肯定了环境政策对技术创新的诱发作用。在各种环境政策工具中，长期研发项目资金的支持对专利数量增长的影响最大。

此外，部分文献强调了作为被规制对象的污染企业在波特假说检验中的作用。各种环境政策能否发挥作用不仅取决于环境政策的设计和执行，还取决于污染企业如何对这些环境政策工具做出反应（Ramanathan et al.，2017）。因此，各种类型的波特假说能否成立，不仅与政策设计有关，而且与企业对这些政策工具的认知有关（Lopez-Gamero et al.，2010；Bitat，2017）。

1.2.2.4 中文文献研究进展

在借鉴外文文献相关研究的基础上，中文文献利用中国工业和工业企业数据，从中国的实际情况出发，针对各种形式的波特假说开展一系列研究，取得一定的研究成果。

第一，部分文献发现，环境规制强度与企业创新[①]和生产率之间呈现出非线性关系，适当的规制强度才能起到对创新的促进作用（沈能和刘凤朝，2012；Xie et al.，2017；Zhao et al.，2018）。

第二，部分文献认为，波特假说是否成立取决于环境规制类型，为狭义波特假说提供了证据支持。原毅军和谢荣辉（2016）发现，费用型规制政策与工业绿色生产率之间呈"U"型关系，投资型规制政策与工业生产率之间呈负线性关系；谢等（Xie et al.，2017）发现，命令控制型规制政策对绿色生产率的影响存在双门槛效应，而市场型规制政策对绿色生产率的影响存在单门槛效应。

第三，部分文献发现，波特假说的检验结果在行业间和地区间存在明显差异。从行业上看，国内文献的研究结果与国外文献研究类似（Becker and Henderson，2000；Greenstone，2002；Becker，2005），环境规制对创新和生产率的促进作用在重污染行业更为显著（徐敏燕和左和平，2013；盛丹和张国峰，2019）。从地区上看，环境规制对技术创新和企业生产率的影响存在显著的空间异质性，波特假说在中国东部地区得到支持，而在中国中西部地区则没有得到验证（王国印和王动，2011；沈能和刘凤朝，2012；黄志基等，2015；Zhao and Sun，2016）。有文献认为，中国东部地区经济发展水平更高、人力资本充足，可以为企业提供创新补偿（王国印和王动，2011；黄志基等，2015），因而环境规制执行更为严格（盛丹和张国峰，2019）；经济发展水平越高，环境规制对创新的促进作用越强（沈能和刘凤朝，2012）。

---

① 值得注意的是，因为数据可获取性的原因，所以，只有很少的研究直接采用了企业层面的绿色技术创新数据（如齐绍洲等，2018；董直庆等，2019），而其他大部分关于弱波特假说的研究实际上都是利用技术研发代替绿色技术研发，利用地区加总数据（如沈能，2012；张平等，2016）或者行业加总数据（如蒋伏心等，2013；袁宝龙，2018）对环境规制的绿色创新作用进行检验。

1.2.2.5 波特假说与产业区位的相关研究

波特假说并不直接考察环境规制与产业区位的问题，但是，却为环境规制下的企业选址提供了一种新的分析框架。在传统的污染避难所假说理论中，环境规制通常被看作一种导致产业转移的分散力量，而波特假说强调了环境规制的积极作用，当环境规制诱发企业技术创新并最终提高企业竞争力时，企业就不需要转移到环境规制宽松的地区。

环境规制对企业生产成本的负向影响和对技术创新的正向影响是同时发挥作用的，而波特假说则强调环境规制对企业生产率的积极影响超过了负面效应（贺灿飞和周沂，2016）。与之类似，当分析环境规制的产业转移效应时，污染避难所假说与波特假说是同时存在的，二者同时对工业动态性产生作用。周等（Zhou et al.，2017）利用1998～2008年的中国工业企业数据，在控制了企业异质性和政府干预的情况下，检验了环境规制对企业转移（进入或者退出一个城市）、就业和全要素生产率的影响。实证结果证实了污染避难所假说，污染密集型行业的企业倾向于从环境规制严格的城市退出，或者很少会选择进入这些环境规制严格的城市。此外，与私有制企业相比，国有企业和外资企业更容易从各种渠道获得资金、技术支持，使得这两类企业在面对严格的环境规制时更有能力进行技术创新，这为波特假说提供了证据支持。

1.3 地区便利性理论：环境规制、便利性与要素跨区域流动

1.3.1 地区便利性理论的源起和基本理论

地区便利性理论是城市和区域经济学的核心研究内容。早期的地区便利性理论主要关注地区自然便利性（如舒适的气候）对劳动力的吸引作用和集聚作用（Ullman，1954）。随后的研究，则对地区便利性的

内涵和影响范围进行了扩展。良好的环境质量，完善的城市基础设施，优质的公共服务等宜居条件，都可以看作地区便利性；与之对应，环境污染、交通拥挤等“大城市病”则被视为一种非地区便利性（Zheng et al.，2009）。大量研究表明，地区便利性增加了地区对劳动力和企业的吸引力，对地区发展起到了重要的促进作用（Partridge，2010；Wang and Wu，2011；Kahsai et al.，2011）。

地区便利性理论强调了环境规制对地区环境便利性的影响，严格的环境规制有助于改善地区环境质量，由此导致地区环境便利性水平提高。在地区便利性理论框架下，便利性通过两种途径影响产业区位。

第一，便利性会直接影响企业的生产成本结构（Allison，1993）。环境便利性对于企业而言是一种正外部性，企业生产成本随着环境便利性的提高而下降（Roback，1982；Blomquist et al.，1988），环境便利性会提高企业绩效，因此，企业倾向于选址在环境便利性良好的地区。此外，环境便利性还会影响就业的空间分布，在环境便利性水平高的地区形成就业集群（Glaeser and Tobio，2007）。

第二，环境便利性会通过劳动力流动，间接影响企业区位。在传统的工业区位理论中，工业企业选址先由原料地和消费地之间的运输成本决定，接下来，劳动力区位会促进工业企业空间转移（韦伯，1997）。企业会倾向于向劳动力成本更低的地区转移。此外，人力资本理论中也提出了就业跟随人口的企业选址假说（Markusen，2006；Dorfman and Mandich，2006）。那些从事创意产业、接受过高等教育或具有高级技能的人才，尤其偏好在便利性高的城市集聚（Clark et al.，2002；Glaser and Gottlieb，2006；Hansen and Niedomysl，2009）。当环境便利性影响劳动力流动时，也间接地对企业区位选址产生影响。环境便利性还会提高当地居民的效用水平，居民对环境便利性的偏好会反映在他们的工资上。许多关于便利性的工资效应的研究都发现，便利性补偿了部分居民的货币工资收入（Cropper and Arriga-Salinas，1980），劳动力可能会为了便利性而放弃部分货币工资，便利性是导致地区间工资收入差异的重要影响因素（Beeson，1991；踪家峰和李宁 2015；郑丹和 Kuroda，2017）。这意味着，环境便利性水平较高的地区名义工资收入水平会更低一些，在环境规制水平高的地区，企业用工成本较低。以上两种环境便利性作用增加了环境规制标准高的地区对企业的吸引力，因此，环境规制也可以通过提升地区环境便利性，进而成为促进产业空间集中的集聚力量。

1.3.2 地区便利性的实证研究①

目前，关于便利性对劳动力和企业流向的研究主要从两方面展开，一是以劳动力流动、企业选址为研究对象，直接考察便利性对劳动力和企业区位的影响；二是在劳动力和企业流动的空间均衡下，考察便利性对劳动力价格的影响，间接推断便利性对劳动力和企业的吸引作用。

1.3.2.1 地区便利性、劳动力流动与企业区位

首先，部分文献将地区人口增长及变化作为观测重点，从宏观层面检验了便利性与地区人口迁移的关系。这部分文献认为，人口迁移的主要决定因素并不是地区间的经济发展潜力，而是地区间在便利性上的差异（Graves，1983；Graves and Linneman，1979）。在美国等发达国家，随着后工业化时代的到来，居民对便利性和生活质量的需求日益提高，便利性逐渐成为驱动人口迁移的重要因素（Buttel，1995；Freudenburg，1992；Thompson et al.，2006）。部分文献重点考察了自然便利性和环境便利性对人口迁移的影响，结果发现优美的自然环境提升了地区对流动人口的吸引力（Chi and Marcouiller，2013），丰富的湖泊资源（Chi and

① 目前，相关文献中，直接以环境便利性为研究对象，考察环境便利性与劳动力和企业选址关系的文献较少。但大部分相关文献在城市便利性中包含了部分环境便利性指标，因此，我们主要回顾了城市便利性相关文献。

Marcouiller，2011）或海岸线（Gurran，2008）都对地区人口增长、住房密度变化产生了显著影响（Gustafson et al.，2005）。

其次，部分文献从居民个体的迁移决定出发，从微观层面考察居民的迁移选择与地区便利性的关系。弗格森等（Ferguson et al.，2007）利用来自加拿大的人口调查数据，比较、分析了地区便利性对农村人口迁移和城市人口迁移的影响。其研究结果表明，便利性对人口迁移的影响在农村人口和城市人口之间存在差异。经济因素在农村人口变化中起到最重要的作用，而在城市样本中，便利性与经济变量的作用几乎是相同的。这意味着，地区便利性对不同类型人群的吸引力不同。其他文献的研究也发现了类似的结果，不同人群对便利性的偏好存在明显差异（Cooke and Rapino，2007；Chen and Chi，2012）。佛罗里达（Florida，2002，2005，2014）从创意产业工作者对城市便利性的偏好出发，指出地区便利性通过吸引高技术人才集聚来促进高新技术企业集聚，为高新技术产业集群的出现提供一种理论解释。

还有部分文献同时考察了便利性对居民和企业区位的影响。戈特利布（Gottlieb，1995）利用美国新泽西州部分城市的数据，实证检验了面向劳动力的居住便利性在企业区位选择中的作用，研究结果表明，地区便利性不仅会吸引劳动力，而且会对相应的企业区位选择产生影响。此外，考虑非都市区往往具有更好的自然环境禀赋，部分文献认为自然环境便利性极大地促进了非都市区的人口增长（Rickman，2011）。自然环境便利性可以创造更多的就业岗位，带动相关行业发展（McKean et al.，2005），这对于非都市区的发展具有重要意义。德弗曼等（Dorfman et al.，2011）则提出了不同的观点，利用美国高技术产业的就业岗位数据，检验了便利性是否会吸引高技术劳动力，进而促进高技术行业的发展。在模型估计方法上，该文献采用了贝叶斯计量模型估计，从而能够估计高技术岗位的增加与自然资源便利性之间是否存在非线性关系。估计结果表明，自然环境便利性并没有显著地促进高技术行业的就业增长。该文献讨论了造成这种结果的原因，一方面，自然资源便利性的效应可能存在相互抵消的情况，以气候条件为例，冬暖的地方夏季可能会十分湿热；另一方面，非都市区自然资源便利性虽然更高，但是其他方面（如经济集聚）却比较落后，自然资源的作用可能需要达到一定程度才能抵消其负面影响。

1.3.2.2 地区便利性与均衡工资收入

与普通商品不同，环境便利性（如清洁的空气、公园和绿地）并没有明晰的市场价格。因此，目前关于环境便利性的研究主要是围绕土地（房地产）市场和劳动力市场展开的（Rosen，1979）。罗森（Rosen，1974）以消费者效用最大化和生产者利润最大化为目标，从理论上分析了差异化产品的市场短期均衡和市场长期均衡。罗森（Rosen，1974）构建了一个特征价格模型，用来分析环境便利性这类公共物品的特征价格。这一研究为后续相关研究提供了理论基础。

在特征价格的理论框架下，罗贝克（Roback，1982）构建了一般均衡模型，揭示了在企业和居民自由移动的情况下，城市便利性对工资和地价的影响机制。在罗贝克（Roback，1982）的一般均衡模型中，城市便利性对居民效用和企业成本有双重影响。便利性是一种潜在要素投入（Graves，1983；Knapp and Graves，1989），会降低企业成本。此外，便利性还会增加居民效用，使居民感到更幸福（Seresinhe et al.，2019）。企业和居民都会被便利性所吸引，由此增加了宜居城市的土地需求，在土地供给不变的情况下，宜居城市的地价必然上涨。而城市便利性对工资的影响则不能确定：一方面，企业集聚会增加劳动力市场上的需求；另一方面，居民集聚会增加劳动力市场上的供给。便利性是促进工资上涨（溢价效应），还是造成工资下降（折价效应），取决于劳动力市场上供求的相对变动。罗贝克（1982）利用1973年美国98个大城市的人口普查数据，对上述假说进行了实证检验，结果表明，美国城市间普遍存在的工资差异可以由城市便利性来解释。

后续实证研究对罗贝克（1982）的理论模型进行了扩展，对城市便利性的度量也从简单的自然宜居条件开始向多类别的城市基础设施拓展。早期实证文献大多以美国为研究对象，布隆姆奎斯特等（Blomquist et al.，1988）将集聚效应引入罗贝克（1982）模型，利用1980年美国254个县的人口和住房普查数据，实证检验了自然便利性（包括气温、日照等7个指标）和城市基础设施（包括教育、犯罪率、垃圾处理等8个指标）对居民工资的影响。其研究结果表明，各种基础设施对工资的影响存在差异。比如，居民工资随地区教育基础设施的改善而降低，随地区环境基础设施的改善而提高。比森（Beeson，1991）将劳动力异质性引入模型，考察了城市基础设施对教育回报率的影响，证实了城市基础设施对工资的影响随劳动力异质性发生改变。医疗和文化娱乐等基础设施对教育回报率具有正向溢价作用，而教育基础设施对教育回报率的影响为负。在后期实证文献中，学者们采用了面板数据集（Dalenberg and Partridge，1997）和改进的估计技术（Gabriel and Rosenthal，1999），还有学者将Roback模型应用于其他国家，如俄罗斯的相关研究（Berger et al.，2008）、意大利的相关研究（Di Addario and Patacchini，2008）、希腊的相关研究（Dimou，2012）、智利的相关研究（Paredes，2013）。从总体上看，不同国家的实证检验，大多证实了各种便利性对居民工资收入差异的显著影响。

1.3.2.3 中文文献相关研究

与丰富的城市和区域经济学领域关于便利性的外文研究成果相比，相关的中文研究仍处于起步阶段，但学者们已经从多个方面对便利性在地区发展中的作用进行了探讨，取得了一定成果。

首先，部分文献在估计特征价格的基础上，考察了便利性对城市房地产市场的影响。其研究结果表明，环境便利性（如绿化面积、公园和绿地、适宜的气候）对于提升周边房地产价格具有显著的正向影响（Jim and Chen，2006；Kong et al.，2007；温海珍等，2012；石忆邵和张蕊，2015；王洋，2015），而非环境便利性（如空气污染、邻避设施）将会导致城市房地产价格显著下降（Zheng et al.，2010；王树强和史婧；2019；宋俊星等，2020）。此外，房地产价格变动不仅反映了便利性的特征价格，还显示出居民对便利性的偏好程度。郑思齐等（2011）利用中国84个城市的微观家庭样本数据，从住房成本变动和收敛的角度检验了居民对城市生活质量的偏好。其结果发现，城市居民对生活质量的支付意愿逐年增强，居民对生活质量越来越重视。这意味着，公众对于促进城市环境改善的环境规制政策将会更加支持。

其次，部分文献从劳动力流动和劳动力价格（工资收入）两方面考察了便利性对城市劳动力市场的影响，这方面的研究主要集中在劳动力流动方面。其研究结果显示，城市便利性，特别是城市公共服务水平在劳动力迁移中已经发挥显著作用（夏怡然等，2015；侯慧丽，2016；刘金凤和魏后凯，2019），这些研究为中国公共服务均等化提供了政策指导（夏怡然和陆铭，2015）。随着劳动力对便利性偏好的逐渐增强，就业机会和工资不再是劳动力跨区域流动的主要因素，政府可以通过改善地区公共服务来调节劳动力的空间流动，从而达到调控城市人口规模的目的。除了公共服务以外，环境便利性也会提高城市对劳动力的吸引力，但从总体上看，环境便利性的作用相对较小（Liu and Shen，2014）。湛东升等（2017）考察了不同城市宜居性评价因素对流动人口择居意愿的影响程度，结果发现公共服务设施便利性对人口迁移意愿的影响强度最大，而环境健康性和城市安全性评价的影响强度最小。另外，调查显示受访者普遍认为，环境健康性是城市宜居性建设中的短板。这意味着，政府仍应加强城市环境污染治理，提升城市环境宜居性。近几年，雾霾与空气污染问题频发，引发了居民的高度关注，部分文献检验了作为非便利性的环境污染对劳动力流向的影响。结果发现，空气污染显著降低了城市对劳动力的吸引力（Chen et al.，2017；Zhu and Qin，2018；孙中伟和孙承琳；2018；孙伟增等，2019）。

最后，关于城市便利性的工资收入效应的中文文献相对较少。近期的两篇文献，都以城市基础设施水平作为反映城市便利性的指标。踪家峰和李宁（2015）利用中国35个大城市2003～2012年的宏观数据，实证检验了城市基础设施对住房价格和工资水平的影响。该文献研究发现，经过城市基础设施水平与住房价格正相关，与经过房价调整后的工资负相关。郑丹和黑田（郑丹和Kuroda，2017）将2002年、2007年的中国家庭收入调查（CHIP）的微观个人数据与个人所在地级市的城市特征数据相结合，将城市土地出让收入变动作为城市基础设施的工具变量，通过2SLS方法估计了基础设施水平对居民工资收入的影响。估计结果显示，在控制居民个人特征、居民所在地的生活成本等城市特征之后，基础设施水平对城市居民工资收入具有正向的溢价作用。企业对基础设施的偏好高于居民，企业支付给居民更高的名义工资以补偿其上升的生活成本，基础设施水平高的城市名义工资水平也相对更高。这也为中国城市人口流动中奔向“北上广”的现象提供了解释：一方面，居民可以享受大城市良好的基础设施带来的宜居性；另一方面，基础设施改善带来的生活成本上涨由企业负担，因此，居民仍可以在大城市获得更高的名义工资。宜居性与高工资增加了大城市的吸引力，推动劳动力不断向大城市集聚。

1.4　小结与讨论

本章分别回顾了国际贸易领域、战略管理领域以及区域和城市经济学领域中关于环境规制与产业区位的相关理论研究和实证研究。关于环境规制与产业区位转移的主流研究，源于国际贸易领域的污染避难所假说，该假说主张严格的环境规制提升了企业减排成本，导致污染企业向环境规制宽松的国家和地区转移。20世纪90年代，战略管理领域的领军人物，著名学者迈克尔·E. 波特对污染避难所假说理论中的诸多经济理论假设提出了质疑。从战略管理理论的视角分析了环境规制政策的积极影响，提出了波特假说，主张环境规制对企业技术创新和竞争力提升具有促进作用。此外，地区便利性理论强调环境便利性对劳动力和企业的吸引作用，认为环境规制也可以通过提升地区环境便利性，进而成为促进产业空间集中的集聚力量。

污染避难所假说理论、波特假说理论和地区便利性理论，为评价环境规制政策的产业转移效应提供了不同的政策指导。

首先，污染避难所假说的关键前提在于，环境规制将污染外部成本内部化于企业成本中，环境规制越严格，企业的减排成本就越高，从而导致企业利润减少，市场竞争力也随之下降。对政府而言，污染避难所假说成立，则使地方政府在制定环境规制政策时陷入两难境地。一方面，地方政府希望通过严格的环境规制减少本地污染物排放，改善本地环境质量；另一方面，严格的环境规制政策通常会导致本地企业外迁，造成税收损失、失业、本地经济增长速度放缓。在实际政策制定过程中，出于对企业外迁带来的负面影响的顾虑，地方政府往往缺乏提高环境规制标准的内在动力，甚至会纷纷降低环境标准，以此来吸引更多的污染企业，引发地区间“冲向底部”的竞争（Engel，1997；Potoski，2001），部分不发达地区反而成了污染企业的避难所。这意味着，污染避难所理论对地方政府的环境规制政策设计缺乏实际的指导作用。

其次，在传统的污染避难所假说中，环境规制被视为一种导致产业转移的空间分散力量。虽然波特假说指出，适当的环境规制可能会诱发企业创新，由此缓解环境规制对企业成本的负向影响，企业竞争力在长期会得到提高，因此，企业可能不会选择从环境规制严格的地区迁出。但是，在波特假说成立的前提下，环境规制仍然是一种空间分散力量，只是这种分散力量比“污染避难所假说”所描述的要小很多（Lanoie er al.，2011）。严格的环境规制会推动污染企业创新，或者促进生产率提高，降低企业外迁概率。但是，在其他条件相同的情况下，企业并不会主动选择在环境规制严格的地区建厂。

最后，相比于污染避难所假说和波特假说，地区便利性理论框架下的产业集聚机制具有更重要的政策含义。在环境便利性的作用下，偏好环境便利性的劳动力和企业会选择流向环境规制标准高的地区。因此，对于地方政府来说，提高地区环境规制标准，可以在改善地区环境质量的同时，吸引偏好环境便利性的劳动力和企业，促成新的产业集聚。地方政府可以在推动地区增长的同时，真正实现环境保护与工业集聚发展双赢。

第2章

中国环境规制体系

2.1 中国环境规制体系的建立与发展

中国的环境保护事业起步于20世纪70年代，中国环境管理体系的发展与完善滞后于经济增长。总体来看，中国环境管理体系经历了从建立到调整完善两个阶段。

第一阶段：初始建立阶段（1970～1995年）。在中国环境管理体系建立的初始阶段，环境管理体系中仍然存在很多计划经济时代的特征（Mol and Carter，2006）。在国家层面，1974年10月，国务院环境保护领导小组正式成立，成为负责环境保护等相关问题的最高国家行政机构。其主要职责是，负责制定环境保护的方针、政策和规定，审定全国环境保护规划，组织协调和督促检查各地区、各部门的环境保护工作。20世纪80年代，中央环保负责机构几经改组，直到1988年，成立了国家环境保护局（副部级），这标志着中国中央环保机构正式成为独立的职能部门。在地方层面，省级、市级、县级行政单位也纷纷建立了相应级别的省级环境保护机构，负责地方环境保护工作。1988年，国家环境保护局成立后，地方环境保护机构也做出相应调整，从原有的地方城建系统中独立出来，成为独立的环境管理职能机构。地方环境管理机构得到了充分发展壮大。

第二阶段：调整完善阶段（1996 年至今）。进入“九五”时期（1996～2000 年），中央政府把环境保护作为影响经济和社会发展全局的重大问题之一，在全国实行污染防治与生态保护并重的方针。为了提高环境规制政策的有效性，减少污染物排放，中央政府在环境治理领域进行了多方面调整和改革。

在“九五”期间，中央政府实施了《“九五”期间全国主要污染物排放总量控制计划》和《中国跨世纪绿色工程规划》两大举措①，启动“三河、三湖、两区、一市、一海”② 重点区域污染治理工程。从“十五”期间（2001～2005 年）开始，主要污染物总量减排目标被明确写入了《国民经济和社会发展第十个五年计划纲要》，环境治理的相关指标正式成为经济社会发展的约束性指标。③ “十一五”时期（2006～2010 年）制定的《国家酸雨和二氧化硫污染防治“十一五”规划》中提出，要“严格执行二氧化硫排放总量控制计划，控制氮氧化物排放增长的趋势，确保到 2010 年全国二氧化硫排放总量比 2005 年减少 10%。”④《“十二五”节能减排综合性工作方案》中进一步细化了减排要求，提出到 2015 年，全国万元国内生产总值能耗下降到 0.869 吨标准煤（按 2005 年价格计算），比 2010 年的 1.034 吨标准煤下降 16%，比 2005 年的 1.276 吨标准煤下降 32%；在“十二五”（2011～2015 年）期间，实现节约能源 6.7 亿吨标准煤。2015 年，全国化学需氧量和二氧化硫排放总量分别控制在 2347.6 万吨和 2086.4 万吨，比 2010 年的

---

① 中国政府网，http：//www.gov.cn/gongbao/content/2002/content_61775.htm。

② 三河（淮河、海河、辽河）、三湖（太湖、巢湖、滇池）、两区（酸雨控制区和二氧化硫控制区）、一市（北京市）、一海（渤海）。

③ 中国政府网，http：//www.gov.cn/gongbao/content/2001/content_60699.htm。

④ 中华人民共和国生态环境部官网，http：//www.mee.gov.cn/gkml/zj/wj/200910/t20091022_172491.htm。

2551.7万吨和2267.8万吨都下降8%；全国氨氮排放量和全国氮氧化物排放量分别控制在238.0万吨和2046.2万吨，比2010年的264.4万吨和2273.6万吨下降10%。[①]

自中国环境规制体系建立以来，从中央到地方的各级政府机构一直是污染治理和环境保护的主要推动者，几乎所有的环境政策都是通过“自上而下”的方式来贯彻实施的（Shi and Zhang，2006）。在这种以政府为中心的环境治理体系中，政府往往倾向于使用命令控制型的环境规制措施。比如，提出强制性的约束指标，并出台法律法规为指标的实施提供保障。此外，为确保总量减排目标的实现，中央政府还对人事组织制度进行了改革，将总量减排任务完成情况与领导干部考核挂钩，进一步强化命令控制性工具的实施力度。[②③] 但从总体上看，尽管中央政府不断加强环境管控和污染治理，但中国总体的生态环境质量仍然比较脆弱，环境污染形势仍然十分严峻。

为全面提升环境规制政策的减排效应，在进一步加强环境立法和行政法规的同时，中央政府开始注重市场在环境规制体系中的重要作用，一些以市场为基础的环境经济政策手段逐步在全国范围内（如排污费）或在试点地区（如污染物排放权交易）实施。2016年，为加快培育环境治理主体和生态保护市场主体，国家发展和改革委员会和环境保护部联合印发《关于培育环境治理和生态保护市场主体的意见》，明确提出了“政府引导，企业主体”[④] 的基本原则，中国环境治理正在从过去的行政命令、政府控制阶段向以市场机制为基础的阶段转变。另外，进入

① 中华人民共和国生态环境部官网，http：//www.mee.gov.cn/zcwj/gwywj/201811/t20181129_676514.shtml。

② 中华人民共和国中央人民政府网站，http：//www.gov.cn/zhengce/2015－08/17/content_2914585.htm。

③ 国务院新闻办公室官方网站，http：//www.scio.gov.cn/xwfbh/xwbfbh/wqfbh/2007/1129/Document/324847/324847.htm。

④ 中华人民共和国中央人民政府网站，http：//www.gov.cn/xinwen/2016－09/29/content_5113516.htm。

21 世纪，中国进入了环境群体性事件频发的阶段（余光辉等，2010）。随着互联网时代的到来，公民对环境问题的关注经由网络迅速扩散传播（刘冰玉和凌昊莹，2012；王灿发和李婷婷，2013），给当地官员和污染企业带来压力（杜建国等，2013），公众参与环保活动在中国的环境治理中发挥的作用显著增强。

1998 ~ 2018 年，中央环境管理机构进行了一系列改革重组，1998 年，国家环境保护局升格为国家环境保护总局（正部级），成为国务院主管环境保护工作的直属机构。2008 年，国家环境保护总局升格为中华人民共和国环境保护部，成为国务院组成部门。2018 年，中华人民共和国生态环境部正式揭牌。随着中央环境管理机构的不断调整，地方环境管理机构的职能进一步强化，在地方政府职能部门中的地位显著提升。2015 年，全国环保系统机构总数 14812 个。其中，国家级环保机构 45 个，省级环保机构 398 个，地市级环保机构 2319 个，县级环保机构 9154 个，乡镇级环保机构 2896 个。分职能来看，各级环保行政机构 3181 个，各级环境监察机构 3039 个，各级环境监测机构 2810 个。2015 年，全国环保系统共有 23.2 万人。其中，环保机关人员 5.7 万人，占环保系统总人数的 24.6%；环境监察人员 6.6 万人，占环保系统总人数的 28.6%；环境监测人员 6.2 万人，占环保系统总人数的 26.5%。中国已经建立了一套完整的包括国家、省（区市）、市、县、镇各级环保机构在内的分级管理的环境规制体系。

2.2　环境规制工具类型

如图 2 - 1 所示，按照环境政策工具实施的强制性程度，将中国的环境规制政策工具分为两大类。正式环境规制工具的强制性高，主要包括政府主导的命令控制型工具和市场主导的经济型工具。相比之下，非正式环境规制的强制程度较低，主要依靠公众自愿参与，具体包括各种公众参与型工具。接下来，介绍几种环境规制政策工具在中国实施的具体情况。

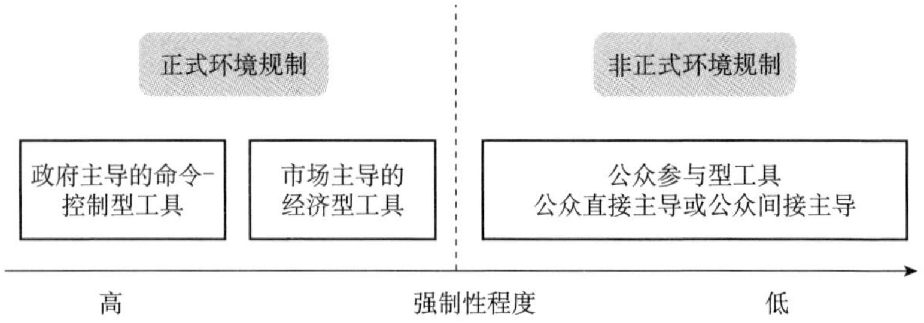

图 2－1　环境规制政策工具分类

资料来源：笔者根据中国环境规制政策工具实施强制程度归纳整理而得。

2.2.1　正式环境规制：命令控制型环境规制工具

2.2.1.1　环境法律法规

中国环境立法大致经历了三个阶段，起步阶段（1949～1978 年）、发展阶段（1979～2012 年）和生态文明新阶段（2013 年至今）。表 2－1 总结了中国环境立法进程和发展概况。

表 2－1　　中国环境立法进程和发展概况

阶段	环境立法情况
起步阶段（1949～1978 年）	中华人民共和国的第一部宪法（五四宪法）确立了自然资源属于全民所有，禁止破坏包括环境利益在内的一切公共利益 党中央政务院颁布了一系列环境法规，涵盖生态环境保护和污染治理等多个方面，如《政务院关于发动群众开展造林、育林、护林工作的指示（1953 年）》《城市工业废水、生活污水管理暂行规定（草案）（1964 年）》 1978 年 3 月，第五届全国人大一次会议通过《中华人民共和国宪法》，首次将环境保护写入宪法，为中国环境发展建设和环境保护事业发展奠定了法律基础

续表

阶段	环境立法情况
发展阶段（1979～2012 年）	1979 年，第五届全国人大第十一次会议原则通过了《中华人民共和国环境保护法（试行）》，这是中国第一部正式的环境保护法，在中国环境立法过程中具有里程碑的意义，经过 10 年试行，《中华人民共和国环境保护法》于 1989 年 12 月正式公布实施 “十五”时期以来，中国环境立法迎来重大发展，中国环境政策法制工作取得重要进展。截至 2006 年，中国已经制定了 9 部环境保护法律、15 部自然资源法律，制定颁布了环境保护行政法规 50 余项，部门规制性文件和规范性文件近 200 件，军队环保法规和规章 10 余件，各地方人大和地方政府制定的地方性环境法律法规和地方政府规章共 1600 余件，初步建立了符合中国国情的环境保护法律体系
生态文明新阶段（2013 年至今）	2012 年 11 月，党的十八大召开，提出将生态文明建设写入《中国共产党章程》，中国环境立法进入生态文明新阶段，环境立法得到深入、全面发展 2014 年，《中华人民共和国环境法》重新修订，提出了一系列重大环境改革举措，成为中国历史上最严厉的环保法律 除环境法以外，中国又对《中华人民共和国海洋环境保护法》等十余部环境保护法律和自然资源法律进行了修订，同时，还制定了《中华人民共和国环境保护税法》以及《中华人民共和国深海海底区域资源勘探开发法》

资料来源：笔者根据孙佑海．我国 70 年环境立法：回顾、反思与展望［J］．中国环境管理，2019，11（6）：5－10 整理而得。

回顾中国环境立法 70 年的发展历程，环境立法政策在中国环境管理事业发展过程中具有至关重要的意义，是推进环境保护历史性转变的重要保障：一方面，环境法律法规系统、全面地规定了各级政府环保机构的设置和职责，为中国环境管理组织机构的设立和运行提供了法律依据；另一方面，环境法律法规确定了一系列环境规制措施和环境规制制度，包括环境影响评价、“三同时”，排污费、限期治理、环境标准、环境检测，公众参与环境规制等，为中国环境规制政策的具体制度实施提供了法律指导。

2.2.1.2 环境保护标准制度

环境保护标准是对环境保护领域内各种需要规范的事物的技术属性所做的规定。1973 年，中国发布了首个环境保护标准——《工业“三废”排放试行标准》。此后，随着中国环保事业的发展，环境管理体系的不断完善，中国环保标准工作取得了显著进展。1973～2011 年，中国累计发布各类国家环境保护标准1434项，[①] 年均发布标准36项，“十一五”期间，各级相关部门完成100余项重要的国家环境保护技术法规，1000项以上国家环境保护标准的制订工作、修订工作，建立了科学、合理的环境质量标准体系。

如表2-2所示，中国环境保护标准体系内主要包括国家级标准和地方级标准两个级别。在所有标准中，最重要的两个标准是环境质量标准和环境污染物排放标准。国家级标准对所有地区都适用，但考虑到地方环境容量、经济发展水平存在显著差异，中国明确提出国家级标准和地方级标准之间的关系是，地方级环境质量标准是对国家级环境质量标准的补充，而地方级污染物排放标准是对国家级污染物排放标准的补充或提高。地方政府可以根据辖区内的实际情况，因地制宜地实行高于国家级标准的污染物排放标准。

表2-2　　　　中国环境保护标准体系

标准	国家级标准	地方级标准
内容	国家环境质量标准、 国家污染物排放（控制）标准、 国家环境标准样品、 环境保护行业标准、 其他相关标准	地方环境质量标准、 地方污染物排放标准
政策主体	国务院环境保护部门负责制定	地方省级政府负责制定

资料来源：笔者根据中华人民共和国生态环境部网站的相关资料整理而得。

2.2.1.3　环境影响评价制度和“三同时”制度

环境影响评价制度是中国环保事业起步阶段就开始实施的一项制度。20世纪70年代，美国提出并实行了环境影响评价制度，随后，环境影响评价概念引入中国。1979年，中国颁布的《中华人民共和国环境保护法（试行）》中规定：“在进行新建、改建和扩建工程时，必须

① 笔者根据生态环境部网站公布的《历年发布的国家环境保护标准名录（截至2011年3月7日）》整理而得。

提出环境影响的报告书。"《中华人民共和国环境影响评价法》（2002年施行）第二条："环境影响评价，是指对规划和建设项目实施后可能造成的环境影响进行分析、预测和评估，提出预防或者减轻不良环境影响的对策和措施，进行跟踪监测的方法与制度。"为推进环境影响评价工作，原国家环保总局根据《中华人民共和国环境影响评价法》（2002年施行）编制了四个配套法规，在组织开展的"十五"时期国家科技攻关计划——"重大环境问题对策与关键支撑技术研究"中包括了"规划环境影响评价技术方法研究"，同时，开展了环境影响评价基础数据库的建设工作。此外，为加强中国环境影响评估人才队伍建设，原国家环保总局同时与世界银行、国际评价协会（IAIA）等机构合作，在全国范围内开展了环境影响评价人员培训，并对各地的培训工作给予指导。

"三同时"制度最早在1973年国务院发布的《关于保护和改善环境的若干规定》中提出，在1979年中国颁布的《中华人民共和国环境保护法（试行）》中进一步做了规定。在之后的一系列法律法规中，对"三同时"制度的内容不断充实和完善，不断调整和扩大"三同时"适用主体的范围。1973年《关于保护和改善环境的若干规定》指出，"三同时"的适用主体主要针对"一切新建、扩建和改建的企业。"1984年，国务院颁布《关于环境保护工作的决定》，"三同时"的适用范围扩大到"可能对环境造成污染和破坏的一切工程建设项目和自然开发项目。"2015年1月1日施行的《中华人民共和国环境保护法》第四十一条规定："建设项目中防治污染的设施，应当与主体工程同时设计、同时施工、同时投产使用。防治污染的设施应当符合经批准的环境影响评价文件的要求，不得擅自拆除或者闲置。"

环境影响评价制度和"三同时"制度都以新建项目为实施对象，都属于防止项目建成后对环境造成污染而采取的事前强制性管制措施。两项制度在中国实施以来，均保持了较高的执行率，2000～2007年，年均环境影响评价执行率为98.6%，年均“三同时”执行率为97.8%。①与此同时，相关环保投资呈现高速、稳定增长的态势，如图2－2所示。建设项目“三同时”投资从2000年的260亿元增长到2008年的2146.7亿元，增幅高达725%。两项制度的实施，对中国项目建设过程中的污染防治和环境保护起到了显著的促进作用。

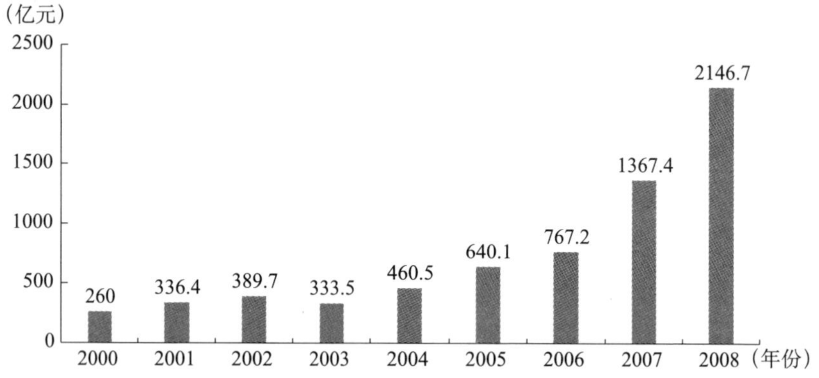

图2－2　中国项目建设“三同时”投资情况（2000～2008年）

资料来源：笔者根据历年《中国环境统计年鉴》的相关数据整理计算绘制而得。

2.2.2　正式环境规制：市场型环境规制工具

2.2.2.1　排污费征收制度

针对环境问题的外部性，政府除了执行强制性的命令控制型政策工具以外，还可以按照污染者付费原则，对污染排放者征收造成环境损失的费用。排污费制度是在世界范围内实施最广泛的一项市场型环境规制工具。20世纪70年代，排污费制度开始在OECD国家广泛实施。排污费征收实现了将环境外部成本内部化，从经济上激励排污者主动采取措施治污减排。

中国排污费征收制度主要经历了三个发展阶段。第一阶段（1978～

① 笔者根据历年《中国环境状况公报》和《全国环境统计公报》整理计算而得。

2002 年)：建立阶段；第二阶段（2003 ~ 2013 年)：调整完善阶段；第三阶段（2014 ~ 2018 年)：制度转型阶段。表 2 – 3 介绍了中国排污费制度的建立与发展。

表 2 – 3　　　　中国排污费制度的建立与发展

阶段	内容
建立阶段（1978 ~ 2002 年)	1978 年，国务院环境保护领导小组发布的《环境保护工作汇报要点》中，首次提出了中国实行排污费的设想 1979 年《中华人民共和国环境保护法（试行)》正式颁布实施，规定“超过国家规定标准排放污染物，要按照排放污染物的数量和浓度，根据规定收取排污费”，从法律层面上为中国排污费提供了保障和依据。随后，排污费征收试点工作在全国范围内展开 1982 年，国务院发布《征收排污费暂行办法》，明确规定排污费征收目的、征收对象，征收、管理与使用等多项内容。这标志着中国排污费制度的正式建立
调整完善阶段（2003 ~ 2013 年)	2003 年，国务院发布实施《排污费征收使用管理条例》，这是排污费征收制度全面改革的里程碑 《排污费征收使用管理条例》颁布后，2003 年各部委联合国家环境保护总局又出台了《排污费征收标准管理办法》《排污费资金收缴使用管理办法》等配套规定措施，这是中国排污费制度进一步完善的重要标志
制度转型阶段（2014 ~ 2018 年)	2014 年，国家发展改革委、财政部、环境保护部三部委联合颁布《关于调整排污费征收标准等有关问题的通知》，宣布提高部分污染物的排污费征收标准，同时，要求各省（区市）价格部门、财政部门和环保部门要在 2015 年 6 月底前，将调整排污费征收标准等政策落实情况上报。新标准体现了国家对污染治理与减排工作的重视和决心。根据新标准的要求，各地区要将废气中的二氧化硫和氮氧化物排污费征收标准调整至不低于每污染当量 1.2 元，将污水中的化学需氧量、氨氮和五项主要重金属（铅、汞、铬、镉、类金属砷）污染物排污费征收标准调整至不低于每污染当量 1.4 元。此外，新标准规定依据企业污染物排放浓度和排放总量，实行差别收费政策，建立约束激励机制。这是中国排污费改革中首次确立排污费制度的差别化政策，具有重要的政策创新意义 2018 年 1 月 1 日，中国首部“绿色税法”——《中华人民共和国环境保护税法》正式实施。其规定，对大气污染物、水污染物、固体废物和噪声四类污染物，由环保部门征收排污费，改为由税务部门征收环保税。环境保护税取代已征收多年的排污费，实施近 40 年的排污费征收制度正式落下帷幕

资料来源：笔者根据各类颁布实施的法律法规等整理而得。

图2－3展示了2001～2017年排污费征收情况。从总体上看，排污费征收总额和户均缴纳排污费总体上都呈明显上升趋势。特别是2003年《排污费征收使用管理条例》颁布实施之后，排污费征收总额比2003年之前有了显著提高。类似地，2014年宣布提高部分污染物的排污费征收标准后，排污费征收总额和户均缴纳排污费也呈现出稳步上涨的趋势。《排污费征收使用管理条例》第五条明确规定："排污费应当全部专项用于环境污染防治"，以2000年为基期计算，2001～2017年中国排污费征收总额年均增长率为164%，增长势头明显。排污费征收制度改革有力地促进了中国排污费征收总额增长，为污染治理提供了必要的资金支持。

与其他环境规制措施相比，排污费作为一项经济数据指标，统计相对容易，数据易于获取，为学者对排污费制度展开研究提供了便利条件。学者们针对中国征收排污费的政策效应展开了广泛研究。研究结果表明，从全国总体上看，中国排污费的征收效率水平普遍较高，效率值基本处于0.6～1区间，且呈逐年提高趋势（高树婷等，2014）。从行业层面看，排污费征收对火力发电环境治理效率具有积极作用（王喜平和杨莉坤，2019）；排污费征收促进了中国东部经济发达地区的绿色技术创新（李婉红，2015），同时，对大气污染物具有显著的减排作用，排污费降低了工业二氧化硫排放（卢洪友等，2018）。提高排污费征收标准，能够显著地降低单位工业产出污染物的排放，降低空气中二氧化硫的浓度（郭俊杰等，2019）。

此外，已有研究还发现，除对减排和创新的促进作用外，排污费征收还对企业生产经营活动产生了一些不利影响。排污费标准的提高加大了企业的减排成本，降低了企业就业增长，缴纳排污费企业的就业创造率下降，就业损失率上升，企业吸纳潜在就业的能力减弱（王勇等，2019）。排污费征收力度加强对企业全要素生产率产生负向影响，呈现挤出效应（王海等，2019）。排污费对企业的不利影响，最终会传导至宏观经济层面。例如，卢洪友等（2018）研究发现，2006～2014 年，二氧化硫排污费征收标准的提高，对中国地级市经济增长存在抑制效应。

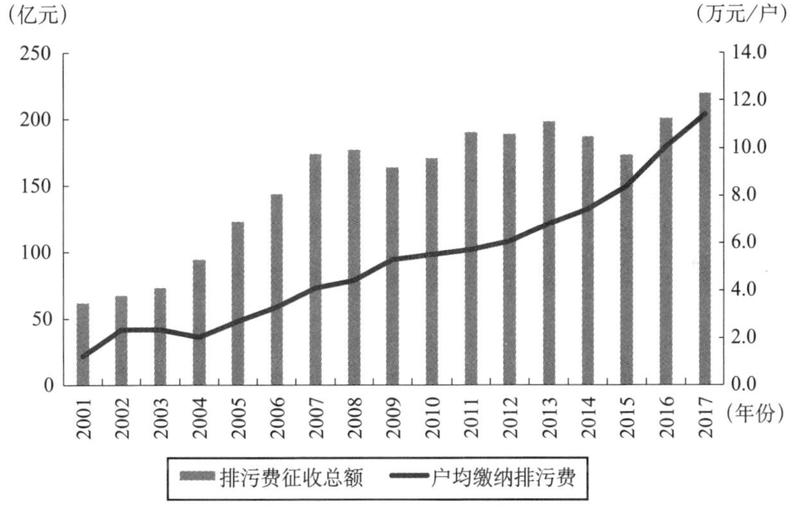

图 2-3　2001～2017 年排污费征收情况

资料来源：笔者根据历年《中国环境年鉴》数据计算整理绘制而得。

2.2.2.2　排污权交易制度

排污权交易是指，根据一定的废弃物排放量，向各污染排放单位分配排放许可证，从而有效地满足一个地区特定的环境标准，然后，准许各许可证持有者之间进行交易的一种经济环境规制政策（张曼和屠梅曾，2002）。

排污权交易由美国经济学家戴尔斯（Dales）于 20 世纪 70 年代提出。与传统的排污费制度相比，在排污权交易下，企业不仅要为污染排放付费，而且受到排污总量的限制，相当于在污染物排放市场上同时限制了污染物排放价格和排放数量。从机制设计上看，排污权应该比排污费更能有效地控制企业污染排放，激励企业技术进步和绿色创新（张颖和王勇，2004）。在政策实践方面，1977 年，美国环境保护局在修正

《清洁空气法》（*Clean Air Act*）的过程中引入了二氧化硫排污权交易，并取得了良好效果，随后，世界上多个发达国家纷纷建立污染物排污权交易制度。

中国于20世纪80年代末期，尝试开展排污权交易。1987年，上海市试行总量控制制度和许可证制度，黄浦江沿线60多家工厂实施化学需氧量（COD）总量控制指标有偿转让，共达成30余次排污交易。[①]1988年，国家环保总局颁布的《水污染物排放许可证管理暂行办法》明确规定，在由当地环境保护行政主管部门批准后，“水污染物排放总量指标可以在本地区的排污单位之间互相调剂”，为中国开展水污染物排污权交易提供了行政法规支持。进入20世纪90年代，排污权交易试点工作开始在部分地区展开。表2－4列举了“八五”时期以来，中国排污权交易制度的发展情况。

表2－4　“八五”时期以来中国排污权交易制度发展情况

时间	内容
“八五”时期（1991～1995年）	1991年，上海市、天津市等16座城市进行了排放大气污染物许可证制度的试点工作 1994年，在1991年开展试点的16座城市中，选取6座城市（包头市、开远市、柳州市、太原市、平顶山市、贵阳市）开展了大气排污权交易的试点，取得了初步进展
“九五”时期（1996～2000年）	1999年9月，中美双方在美国签署了“在中国利用市场机制减少二氧化硫排放的可行性研究”的合作意向书。美国环保协会是该项目的实施合作伙伴，开始在中美合作框架下开展总量控制与排放权交易的研究工作与试点工作，并选定本溪市和南通市作为首批试点城市，开展城市排污权交易研究
“十五”时期（2001～2005年）	2001年9月，中国首例排污权交易在江苏省南通市顺利实施，南通天生港发电有限公司与南京醋酸纤维有限公司完成了二氧化硫排污权交易 2002年，在山东省、山西省、江苏省、河南省、上海市、天津市、广西壮族自治区柳州市开展了二氧化硫排放总量控制及排污权交易试点

① 碳排放交易网，http：//www.tanpaifang.com/paiwuquanjiaoyi/2017/11/2060891.html。

续表

时间	内容
“十一五”时期（2006～2010年）	2007年，中国第一个排污权交易中心在浙江省嘉兴市建成 2008年，太湖流域在全国率先启动了排污权有偿使用和交易的试点 “十一五”期间，国家在天津、江苏、浙江、重庆、湖北、湖南、内蒙古、广东等共11个省（区市）开展排污权有偿使用和交易试点，取得了一定进展
“十二五”时期（2011～2015年）	2014年8月6日，国务院办公厅印发《关于进一步推进排污权有偿使用和交易试点工作的指导意见》，明确规定：“试点省份每年要向国务院报告试点工作进展情况，其他地方可参照本意见开展试点工作。财政部、环境保护部、发展和改革委员会要跟踪总结试点地区的经验做法，加强政策研究，为全面推行排污权有偿使用和交易制度奠定基础” 《关于进一步推进排污权有偿使用和交易试点工作的指导意见》提出，“十一五”期间的试点地区到2015年底全面完成现有排污单位排污权核定，到2017年底基本建立排污权有偿使用和交易制度，为全面推行排污权有偿使用和交易制度奠定基础

资料来源：笔者根据中国政府网发布的解读《关于进一步推进排污权有偿使用和交易试点工作的指导意见》整理而得。

与其他环境规制政策工具相比，中国排污权交易的建立时间相对较晚，目前，仍处于深入探索阶段。与同样基于市场机制建立的排污费制度相比，中国的排污权交易制度发展尚未完善，排污权交易主要还是在部分地区和部分城市以试点的方式展开；对于各类污染物，也没有建立起全国性的排污权交易市场。另外，目前排污权交易在大多数试点的省区市都取得了良好的污染治理效果。以浙江省为例，作为全国第一批排污权交易试点省，截至2019年，浙江省已累计出台182个排污权交易相关政策文件，全省累计排污权有偿使用66亿元、交易27亿元、租赁3800万元、抵押贷款290亿元。排污权交易推动了企业更新技术，减少污染排放，同时，促进了浙江省环境质量的改善。随着水污染物、气污染物排污权交易量的不断增加，2019年1～10月，浙江省全省Ⅲ类水质以上省控断面比例达84.6%，比2018年同比增加4.5%。[①] 试点地

① 《浙江排污权卖出好价钱》。中国青年报网站，news.cyol.com/app/2019－11/15/content-18238958.htm。

区的成功充分证实了排污权交易在环境规制中的重要作用，同时，也为在全国推广排污权交易提供了宝贵经验。

2.2.3 非正式环境规制：公众参与型工具

2.2.3.1 环境信访制度

信访制度是一项具有中国特色的政治参与制度（于建嵘，2005）。1997年，中国颁布《环境信访办法》，为环境信访提供了制度保障。2006年，结合中国群众信访过程中出现的问题，国家环保总局对《环境信访办法》进行了修订。新修订的《环境信访办法》中明确规定："环境信访是指公民、法人或者其他组织采用书信、电子邮件、传真、电话、走访等形式，向各级环境保护行政主管部门反映环境保护情况，提出建议、意见或者投诉请求，依法由环境保护行政主管部门处理的活动。"

图2-4反映了"十五"时期和"十一五"时期中国环境信访情况（2000~2010年）。从总体上看，进入2000年后，中国环境信访数量逐年提升。"十五"时期，年均信访数超过42万件，"十一五"时期上升至66万件，上涨了36%。"十二五"时期（2011~2015年），随着互联网的发展以及移动通信设备的普及，环境信访形式发生了相应变化，环境信访总数开始下降。2011年，国家环保部发布了《环保举报热线工作管理办法》，根据此办法，在全国范围内开通12369环境保护举报热线。2016年，国家环保部组织各省区市、地市、区县开展举报信息联网工作，整合12369电话、网上举报、微信举报等多种举报渠道，实行全国环保举报信息联网，并通过联网平台对各级环保部门举报办理工作进行监督和管理。2018年，全国"12369环保举报联网管理平台"共接到公众举报710117件，同比增长14.7%，其中，电话举报365361

件，微信举报 250083 件，网上举报 80771 件。①

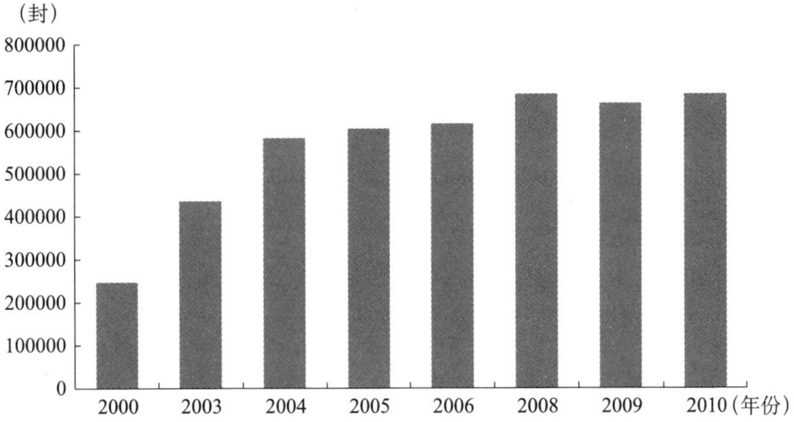

图 2 -4　“十五”时期和“十一五”时期中国环境信访情况（2000 ~2010 年）

注：2001 年、2002 年和 2007 年数据缺失，因此，没有统计。

资料来源：笔者根据历年《中国环境年鉴》的相关数据整理计算绘制而得。

根据《环境信访办法》规定，环境信访的内容包括三类：“检举、揭发违反环境保护法律、法规和侵害公民、法人或者其他组织合法环境权益的行为；对环境保护工作提出意见、建议和要求；对环境保护行政主管部门及其所属单位工作人员提出批评、建议和要求。”但从实际信访情况看，环境信访的主要内容都与环境污染问题相关。以 2005 年为例，在全国 60.8 万件信访来信中，与各类生态污染与环境破坏有关的来信为 56.8 万件，约占全年来信总数的 93.0%，而只有约 0.1% 的来信反映行业作风问题。② 而在 2016 年全国环保信息联网后，全国“12369 环保举报联网管理平台”公布的举报全部都是关于环境污染问题的。

从总体上看，无论早期的书信形式，还是当前的网络平台方式，居民反映污染问题的环境信访数量都长期保持在较高水平。从积极的方面

① 根据生态环境部网站通报的《2018 年度全国“12369”环保举报情况》整理而得。

② 笔者根据 2006 年《中国环境年鉴》的数据整理计算而得。

看，这体现为随着中国环境信访制度的不断完善、信访形式的多样化，越来越多的居民能够利用信访制度反映环境问题，参与环境规制。已有文献的研究结果表明，发展中国家的市场机制不够健全，居民主导的非正式环境规制比政府主导的命令控制型规制手段或者是市场型规制手段更加有效（Kathuria，2007；Zheng and Shi，2017）。居民环境意识的觉醒、对环境问题的关注，还会促使地方政府重视环境治理（郑思齐等，2013），有利于提高地方环境质量（张晓杰等，2017），促进环境保护与地方经济的平衡发展。

另外，环境信访总量居高不下，意味着居民在信访过程中反映的环境问题不能得到及时、有效地解决，环境信访制度下居民的环境权益难以得到维护，环境信访的治理效果有待加强。从居民角度看，居民往往在健康和利益受到损害时才会进行环境信访，而信访目的主要包括两个：一是希望污染方停止环境损害行为；二是希望环境损失得到补偿。而居民的这些诉求能否实现，最终还是取决于信访部门和地方政府如何作为。从地方政府角度看，地方政府需要进行经济发展和环境保护之间的权衡，特别是在地方经济发展水平较低的时候，地方官员缺乏环境治理的经济激励，因此，往往选择经济发展优先策略（Pang et al.，2019）。在此背景下，地方政府在招商引资过程中，引进了一些对当地环境具有潜在危害的项目，甚至为本地具有重大贡献的污染企业“保驾护航”（张金俊，2014）。因此，政府部门只有提升环境治理能力，才能切实回应群众对环境问题的关切，提升环境信访的政策效果（刘细良和刘秀秀，2013）。

2.2.3.2 其他公众参与环境规制途径

当居民环保诉求无法通过环境信访得到满足时，居民只能转向其他途径。在目前中国的环境法制体系下，居民可依靠的其他途径包括：第一，通过人大代表或政协代表形成提案或建议，提交给地方政府部门；第二，寻求法律援助，提出民事诉讼请求，维护环境权益；第三，通过新闻媒体报道引起社会广泛关注，发挥舆论监督作用，引起地方政府相关部门领导的重视；第四，当出现突发环境状况时，居民可能会直接采取较为激进的做法，通过“群体性集聚”或“闹事”的方式来表达环境诉求。

通常情况下，上述途径的维权成本都要高于环境信访，毕竟在电话和微信高度普及的时代，公众只需拨打 12369 热线，或利用微信平台即可完成环境信访。此外，与城市居民相比，农民对人大提案或政协提案流程和法律维权缺乏了解，导致环境法律诉讼措施在农民环境维权过程中的失效（朱海忠，2013）。相比之下，媒体的广泛报道能在社会上形成强大的外部监督力量，在推动地方政府解决环境污染问题方面起到较好的作用。另外，媒体报道还在推进企业社会责任治理中发挥了重要作用（Dyck and Zingales，2002；Dyck et al.，2008；仲秋和施国庆，2012），一个地区的媒体传播能力越强，媒体环境越好，越能够促进当地企业的节能减排行为（刘海龙，2011），从而推动地区污染治理和环境保护。

2.3　小结与讨论

本章对中国环境规制体系的建立和发展进行了系统性回顾，对中国环境规制中使用的各类正式环境规制工具和非正式环境规制工具进行了分析。截至目前，中国已经建立起一套完整的包括国家级、省级、市级、县级、镇级各级环保机构在内的分级管理的环境规制体系，各级政府部门和环保机构，以及公众都在环保体系中发挥了一定的环境规制作用。

环境污染具有显著的负外部性特征。单个污染企业在未经许可的情况下，向空气或水体中超标排放有毒、有害的污染物，将对周边环境和居民健康带来不利影响。而企业在生产过程中往往以利润最大化为目标，缺乏减少排放的经济动机。另外，环境保护具有显著的正外部性特征，政府出台一项严格的环境规制措施，部分居民发起环境保护运动，都会带来地区环境质量的显著提升，惠及地区居民及其周边地区的居民。但大部分公众的环境意识仍有待加强，对于如何参与环境保护缺乏了解（洪大用，2005）。

污染排放和环境保护中存在的外部性，意味着市场机制的失灵，此时，就亟须政府及相关部门在环境治理中发挥重要作用。既要适当采用命令控制型政策和法律法规，确保企业能够依据法律和相关规定排放污染物，也要充分发挥市场作用，激励企业主动减排，进行清洁生产。最后，还要调动公众积极性，普及环境保护观念，积极引导公众参与环境治理。

第3章

环境规制工具的政策效应对比

3.1 宏观减排效应：法规、排污费与公众参与的对比

3.1.1 计量模型设定、变量与数据来源

利用中国的30个省（区市）[①] 1997～2017年的污染排放方面和环境规制方面的数据，本章构建了一个面板数据模型，估计各类环境规制政策的减排效应，对比分析了正式环境规制和非正式环境规制在污染减排中的作用。污染排放数据和环境规制数据来自历年《中国环境年鉴》。模型基本设定，见方程（3－1）：

$$Y_{i,t} = \alpha + \beta_1 FER_{i,t} + \beta_2 IER_{i,t} + \gamma X_{i,t} + \mu_i + \varepsilon_{i,t} \qquad (3-1)$$

在方程（3－1）中，被解释变量 $Y_{i,t}$ 为地区污染物排放情况，用工业二氧化硫排放强度（单位工业总产值的二氧化硫排放）表示。核心解释变量，包括两类环境规制变量。已有文献主要从三个方面度量正式环境规制强度。一是环境规制的形成，如政策法规数量（包群等，

① 由于数据不可得，在本书所指的中国的30个省（区市）样本中未包括中国的西藏自治区、中国港澳台地区的数据，全书同。

2013；郑思齐等，2013）；二是环境规制的执行，如企业减排成本，包括排污费、污染投资等（钟茂初等，2015）；三是环境规制的预期目标，例如，工业污染物排放强度、工业废弃物处理率及其综合加权值等（傅帅雄等，2011；沈坤荣等，2017）。但排放强度、废弃物去除率等指标是环境规制的结果，以环境规制的预期目标度量环境规制强度有本末倒置之嫌。在实际工作中，地方政府在环境规制过程中往往同时采用多种环境规制政策工具组合，因此，在环境规制度量中，有必要充分考虑环境规制政策工具的异质性影响（Zheng and Shi，2017）。

方程（3－1）中引入了正式环境规制变量 $FER_{i,t}$ 和非正式环境规制变量 $IER_{i,t}$。如表3－1所示，正式环境规制工具变量，包括命令控制型的法律法规（Law）变量和市场型的排污费（Fee）变量。中国居民参与非正式环境规制的主要方式是环境信访。利用地区人均环境信访数，笔者构建了一个关于环境信访的虚拟变量（Letter），将各省（区市）分为环境信访规制强度高的省（区市）（Letter＝1）和环境信访规制强度低的省（区市）（Letter＝0）。

为准确估计环境规制对污染物排放的影响，模型中控制了其他相关变量 $X_{i,t}$。主要包括所有制结构和对外开放程度。其中，外商直接投资对于环境污染是一柄“双刃剑”。一方面，外资企业的先进生产技术和管理经验，有利于绿色生产率的提升（许和连和邓玉萍，2012；盛斌和吕越，2012；Li and Wu，2017）；另一方面，外资也会导致额外的污染排放（盛斌和吕越，2012），外资往往更倾向于集中在污染密集型行业（Wagner and Timmins，2007；Greany et al.，2017）。表3－1报告了各个变量定义和计算方法及描述性统计分析。

表3－1　变量定义和计算方法及描述性统计分析

变量	符号	定义和计算方法	均值	标准差	最小值	最大值
排放强度	SO_2	单位工业总产值二氧化硫排放	912.31	1084.04	2.22	6239.06

续表

变量	符号	定义和计算方法	均值	标准差	最小值	最大值
正式环境规制	Law	累积颁布的环保法律法规标准	37.11	28.38	1.00	137.00
	Fee	单位企业缴纳排污费	4.81	4.71	0.40	41.99
非正式环境规制	Letter	虚拟变量 Letter = 1，则 2010 年地区的人均信访数量高于全国平均水平；否则，Letter = 0	0.46	0.49	0	1.00
所有制结构	Soe	国有资本工业企业产值占比	44.72	21.29	10.00	90.00
外向型经济	Open	FDI/GDP	0.45	0.56	0.05	5.86

资料来源：笔者根据相关统计年鉴资料整理计算而得。

为避免异方差和自相关的影响，所有回归均采用省（区市）聚类的稳健标准误。因为回归分析局限于特定的个体，所以，采纳固定效应模型更为合理（Baltagi，1995）。本章用最小二乘虚拟变量（least square dummy variable，LSDV）法检验了个体固定效应的显著性，发现各省（区市）的虚拟变量显著。与混合回归相比，应采纳固定效应模型。①

3.1.2　模型估计结果

表 3 - 2 报告了固定效应模型的估计结果，为比较不同环境规制工具的减排效应，我们报告了各个变量的标准化系数。为确保估计结果的稳健性，将三个环境规制变量依次引入回归方程。根据估计结果，三个环境规制变量的系数，均为负并且在 1% 的水平上显著，在控制了所有

① 为了检验环境规制变量是否存在内生性问题，采用滞后一期的排污费、滞后二期的排污费作为工具变量，分别进行 2SLS 回归。排污费变量 Fee 的符号和显著性，与固定效应模型相比保持不变。工具变量通过了不可识别检验，具有较高的解释力。同时，过度识别检验的 P 值均大于 0.05，无法拒绝工具变量皆为外生的原假设。在工具变量有效的基础上，检验排污费变量 Fee 是否有内生性问题，结果显示无法拒绝变量为外生的原假设，说明模型设定不存在显著的内生性问题，可以采用排污费作为环境规制变量进行实证分析。

变量后［表3－2中的模型（3）］，环境规制变量的显著性和符号都未发生变化。这表明，在样本期间，环境规制的实施，显著地降低了工业二氧化硫的排放强度。根据标准系数结果，Letter变量的标准化系数最大，Fee变量次之，Law变量最小。因此，各类环境规制工具的减排效应存在差异，与政府主导的命令控制型环境规制政策和市场型环境规制政策相比，公众参与的非正式环境规制对工业二氧化硫排放强度产生了更大的减排效果。

在控制变量中，Soe变量的系数为正且在1%的水平上显著。Open变量系数为负［表3－2中的模型（3）］，但在统计上并不显著。这在一定程度上表明，外资企业技术引进带来的减排效应，超过外资带来的额外污染排放。

表3－2　固定效应模型的估计结果

变量	全国样本	全国样本	全国样本	东部地区样本	中部地区样本	西部地区样本
	模型（1）	模型（2）	模型（3）	模型（4）	模型（5）	模型（6）
Law	−0.335*** （2.528）	−0.252*** （2.239）	−0.252*** （2.239）	−0.44*** （1.687）	−0.488*** （3.53）	−0.32** （6.337）
Fee	—	−0.269*** （9.987）	−0.269*** （9.978）	−0.147*** （9.311）	−0.609*** （24.639）	−0.111** （12.112）
Letter	—	—	−0.314*** （220.040）	−0.328*** （157.131）	0.111** （134.763）	0.077 （678.693）
Soe	0.646*** （3.380）	0.456*** （3.616）	0.456*** （3.616）	0.435*** （2.93）	0.096 （4.096）	0.726*** （7.747）
Open	−0.038 （69.098）	−0.040 （55.984）	−0.040 （55.984）	−0.073 （28.62）	−0.13*** （434.816）	0.371*** （584.698）
省（区市）固定效应	控制	控制	控制	控制	控制	控制
R^2	0.702	0.735	0.735	0.731	0.840	0.765
样本量	630	630	630	220	160	250

注：表中的系数是标准化系数；括号中报告的是稳健标准误，***和**分别表示在1%和5%的水平上显著；“—”表示无数据。

资料来源：笔者利用Stata 15.0软件计算整理而得。

各类环境规制工具的使用与地区经济发展状况密切相关，因此，我们将全国样本分为东部地区样本［表3－2中的模型（4）］、中部地区样本［表3－2中的模型（5）］和西部地区样本［表3－2中的模型（6）］，分别考察了东、中、西部三大区域内部环境规制工具的减排效果。两个正式环境规制变量的系数在所有模型估计中都显著为负，这说明，正式环境规制工具的减排效应并不受地区差异的影响。进一步比较Law变量的系数和Fee变量的系数，可以发现在中部地区，排污费政策的减排效应更大；而在东部地区和西部地区，命令控制型的环境法律法规政策的减排效应更大。

非正式环境规制变量的显著性和符号，在三大区域间存在显著差异。在东部地区的样本回归中，Letter变量的系数为负且在1%的水平上显著，而且，东部地区样本中Letter变量的系数绝对值要大于Fee变量，说明公众参与环境规制在东部地区的污染减排中起到了重要作用。相比之下，Letter变量的系数在中部地区样本回归中显著为正，在西部地区样本回归中不显著。从统计上看，这意味着，环境信访强度的差异主要体现在东部地区与中部地区、西部地区之间，而中部地区、西部地区环境信访强度的差异并不明显。已有研究发现，居民的环境意识以及参与环境规制的意愿，与居民收入水平密切相关（Wheeler and Pargal，1999；原毅军和谢荣辉，2014）。东部地区是中国经济发达区域，人均可支配收入水平要高于中西部地区，也导致东部地区居民对环境问题和环境治理更加关注，由此导致非正式规制在东部地区取得的减排效果要明显好于中部地区和西部地区。

中国经济社会发展以五年规划为指导，样本时段涵盖“九五”时期、“十五”时期、“十一五”时期、“十二五”时期和“十三五”时期。其中，国家层面的环境治理战略从“十五”时期开始就发生了重要的转变，节能减排目标写入了“十五”发展规划。“十三五”时期，中央政府进一步强化了绿色治理理念，生态环境保护作为国家发展战略被放在优先位置，中国进入绿色治理的新阶段①。本章引入了一个年份

① 中国政府网，http：//www.gov.cn/xinwen/2021－06/03/content_5615102.htm。

虚拟变量 Post 2010 以及相关交叉项，来分析不同阶段环境政策工具的减排效应，Post 2010 = 1 表示“十五”时期之后的年份（2010 ~ 2017 年），Post 2010 = 0 表示“十五”时期之前的年份（1997 ~ 2010 年）。

表 3 - 3 报告了引入交叉项之后的估计结果。在表 3 - 3 的模型（1）和模型（2）中，两个正式环境规制变量的系数仍然为负，但它们与 Post 2010 的交叉项变量的系数均为正。这意味着，在“十五”时期之后的年份中，随着国家对环境治理问题重视程度的不断提高，正式环境规制的减排效应并没有呈现出预想的增强趋势。这一结果可能反映出，中央政府的环保治理决心与地方政府的执行力度之间存在一定偏差。地方政府会在经济发展与环境保护之间进行权衡，在本地经济发展水平较为落后的时候，地方政府会采取“经济优先”的战略（Pang et al.，2019）。由此导致中央政府政策的环境治理压力，并未在地方污染治理过程中取得预期的减排效果。此外，面对“十一五”时期之后包括环境绩效在内的新的考核体系，地方政府官员的反应和应对措施也并不相同。

非正式环境规制变量与 Post 2010 的交叉项变量的系数为负，但并不显著。这说明，非正式环境规制的减排效应，在不同时间段上并不存在显著差异。这也从一个侧面反映出，现阶段中国公众参与环境规制主要还是一种维权行为，中央政府应该在今后的环境规划和环境治理体系中，进一步加强对非正式规制的重视程度，推动公众更多地参与环境规制。

表 3 - 3　　引入交叉项之后的估计结果

变量	模型（1）	模型（2）	模型（3）
Law × Post 2010	0.092* （2.065）	—	—
Fee × Post 2010	—	0.204** （22.927）	—
Letter × Post 2010	—	—	-0.025 （113.707）

续表

变量	模型（1）	模型（2）	模型（3）
Law	-0.309*** (2.66)	-0.228*** (2.504)	-0.27*** (2.483)
Fee	-0.265*** (10.964)	-0.423*** (23.654)	-0.279*** (10.69)
Letter	-0.346*** (237.109)	-0.264** (252.534)	-0.335*** (240.167)
Soe	0.466*** (3.564)	0.429*** (3.765)	0.478*** (3.742)
Open	-0.041 (58.581)	-0.048* (58.252)	-0.039 (59.883)
Post 2010	控制	控制	控制
省（区市）固定效应	控制	控制	控制
R^2	0.736	0.739	0.735
样本量	630	630	630

注：系数是标准化系数；括号中报告的是稳健标准误，***、**和*分别表示在1%、5%和10%的水平上显著；“—”表示无数据。

资料来源：笔者利用Stata15.0软件整理计算而得。

3.2 微观就业效应：法规、排污费与公众参与的对比

3.2.1 环境规制工具对就业的影响：简要文献回顾

环境规制在直接减少污染排放的同时，可能还会在短期内对地方经济运行带来一些间接影响。

以就业为例，首先，随着环境规制措施越来越严格，部分污染企业可能面临生产经营成本的压力，导致企业减少劳动力投入以确保经营利润，地区间的环境规制水平存在明显差异，污染企业还有可能从环境规制水平高的地区外迁到环境规制相对宽松的地区（沈静和魏成，2012），企业的迁移导致本地就业机会减少。环境规制对就业的削减作

用在利用美国数据的实证分析中得到了证实（Greenstone，2002；Gray et al.，2014），刘等（Liu et al.，2017）研究也发现，中国太湖流域的纺织印染企业在面临更严格的水污染规制措施时，削减了7%的劳动力投入。

其次，环境规制政策类型多样，实施时期也不同，因此，环境规制对就业产生不确定性影响。张彩云等（2017）将中国不同时期实施的行业清洁生产标准作为一项准自然试验，考察生产过程绿色化对就业的影响。该文献结果发现，行业环境规制标准的提高对就业具有显著的促进作用。在控制地区时间趋势变量和样本偏误的影响后，生产过程绿色化仍然提升了21.7%的就业水平。

最后，企业在面对严格的环境规制时，具有多种选择。除了裁员和转移生产以外，企业还有可能选择遵循严格的环境规制标准，降低企业污染物排放。这意味着，需要聘用更多工人，维护排污设备的日常运行（Berman and Bui，2001）。此外，波特假说认为，企业还有可能会受到环境规制的倒逼，通过创新来改善企业经营效率（Porter，1991；Porter and Linde，1995）。大量实证研究都证明，环境规制对专利申请具有促进作用（Lanjouw and Mody，1996；Brunnermeier and Cohen，2003；Popp，2003；Arimura et al.，2007；Johnstone et al.，2010），也会提高企业竞争力（Managi et al.，2005；Alpay et al.，2002；Hamamoto，2006；Lanoie et al.，2008），由此拉动企业的用工需求。因此，环境规制对于就业的影响，需要在控制企业特征和地区环境规制的情况下来进行检验。

3.2.2 计量模型设定、变量与数据来源

本小节研究利用2005年长三角区域污染行业的工业企业数据，对各类环境规制的就业效应进行了估计和检验。企业数据来自2005年中国工业企业数据库，其数据是基于国家统计局进行的“规模以上工业统

计报表”统计取得的资料整理而成，是目前使用最为普遍的企业层面数据库（聂辉华等，2012）。中国工业企业数据库的统计对象，为规模以上工业法人企业，包括全部国有工业法人企业和年主营业务收入500万元及以上的非国有工业法人企业，与《中国统计年鉴》中的工业部分和《中国工业统计年鉴》的覆盖范围一致。中国工业企业数据库提供的企业经营成果的相关信息，包括资金流量表、资产负债表和损益表的主要信息，以及雇用员工和生产活动的信息，同时，还应提供对企业身份、生产经营活动内容和状态进行定性描述的信息。参照现有文献的数据处理方法（谢千里等，2008；杨汝岱，2015），对样本中不符合会计标准及重要指标缺失的样本进行剔除，具体处理过程如下：剔除重要指标（工业总产值、工业增加值、从业人员、总资产、实收资本）缺失、为负值、为零值的样本；剔除从业人员数小于8人的样本；剔除不符合国际会计准则的样本，（一是总资产低于流动资产；二是总资产低于固定资产合计）。

污染排放量大，污染密度高，污染行业一直是中国环境政策规制的重点对象，我们搜集了十个污染行业的企业数据，根据《国民经济行业分类》进行整理。具体行业包括，农副食品加工业，食品制造业，纺织业，皮革、毛皮、羽毛（绒）及其制品业，造纸及纸制品业，石油加工，炼焦及核燃料加工业，化学原料及化学制品制造业，非金属矿物制造业，黑色金属冶炼及压延加工业，有色金属冶炼及压延加工业。样本地区包括，上海、江苏和浙江三个省级行政区域。根据中国工业企业数据库中企业的地区属性信息，将企业与省级行政区域数据合并，最终样本包括2005年长三角地区3770个污染行业企业。

模型基本设定如下：

$$labor_{irj} = \alpha + \beta_1 FER_j + \beta_2 IER_j + \gamma X_{irj} + \mu_r + \varepsilon_{irj} \tag{3-2}$$

在方程（3－2）中，被解释变量$labor_{irj}$为j地区r污染行业i企业就业人数的对数值。表3－4给出了10个污染行业企业的平均从业人员数，从总体上看，整个样本的污染行业平均从业人员数为268人。企业从业人员在行业间存在较大差异，石油加工、炼焦及核燃料加工业的企业的平均雇用人员数最大，高达806人，而有色金属冶炼及压延加工业企业的平均雇用规模则要小很多，只有43人。

表3-4　　分行业企业从业人员情况

2位码行业名称	企业平均从业人员规模（人）
石油加工、炼焦及核燃料加工业	806
皮革、毛皮、羽毛（绒）及其制品业	346
黑色金属冶炼及压延加工业	332
食品制造业	269
纺织业	254
非金属矿物制造业	192
化学原料及化学制品制造业	175
造纸及纸制品业	150
农副食品加工业	115
有色金属冶炼及压延加工业	43
污染行业平均	268

资料来源：笔者根据2005年中国工业企业数据库的相关数据整理计算而得。

与3.2.1小节宏观减排的方程（3-1）类似，核心解释变量包括正式环境规制变量FER_j和非正式环境规制变量IER_j两部分。正式环境规制变量包括地区环境法律法规（Law变量）和地区排污费标准（Standard变量）。长三角地区是中国排污费征收标准调整最频繁的地区，Standard变量是一个地区虚拟变量，如果该地区在2005年实行了高于国家排污费征收标准的规制政策，那么，Standard=1，表示该地区的排污费规制政策要比其他地区更严格。非正式环境规制依然由地区环境信访情况表示，长三角地区的三个省级行政区域都是环境信访强度比较高的地区，因此，我们用地区人均信访程度（Letter_per_capita变量）来表示地区的非正式环境规制水平。

此外，方程（3-2）中还包括企业层面的控制变量，包括企业产出规模（Output），所有制结构（Soe），以及企业年龄（Age）。表3-4

中，显示了企业从业人员数量在行业间存在显著差异，因此，在方程中同时控制了企业的行业固定效应（μ_r）。表3－5报告了变量的详细信息。

表3－5　　方程（3－2）中变量的定义和统计量

变量	符号	定义和计算方法	均值	标准差	最小值	最大值
企业从业人员	Labor	企业从业人员数的对数值	4.798	0.999	2.303	10.449
正式环境规制	Law	地区累计颁布的环保法律法规标准的数量	18.823	5.122	9	25
	Standard	Standard＝1，表示地区在2005年排污费征收标准高于其他地区；否则，为0	0.345	0.475	0	1
非正式环境规制	Letter_per_capita	地区环境信访总数/人口数	940	219	7801	1518
企业所有制结构	Soe	Soe＝1，表示企业的登记注册类型为国有企业、集体企业、国有联营企业、集体联营企业和国有与集体联营企业。否则，为0	0.111	0.314	0	1
企业产出规模	Output	企业产值的对数值	10.475	1.145	7.208	17.553
企业年龄	Age	2005－企业开工年份	8	7	2	56

资料来源：笔者根据中国工业企业数据库、《中国环境年鉴》的相关数据整理计算而得。

3.2.3　模型估计结果

表3－6报告了固定效应模型的估计结果，为了比较不同环境规制工具的减排效应，报告了各个变量的标准化系数。为了避免异方差和自相关的影响，所有回归均采用各省（区市）聚类的稳健标准误。表3－6中的模型（1）和模型（2）报告了全行业样本回归的结果。表3－6中的模型（1）的结果显示，在三个环境规制变量中，Law变量和Letter_per_capita变量的系数为负，且在1%水平上显著，说明环境法律法规政策和居

民参与环境规制对就业具有削减作用。结果意味着，在样本研究时间段，长三角地区环境规制的产出效应为负，严格的环境规制导致企业减排成本增加，企业采取了削减劳动力投入的应对策略。在环境规制变量中，Letter_per_capita 变量的系数最大，说明居民参与环境信访对就业的削减作用要大于正式环境规制工具的影响，人均环境信访数每增加一个标准单位，就会导致就业下降 10.6%。相比之下，正式环境规制工具的作用要小很多，环境法律法规每增加一个标准单位，就会导致就业下降 8.1%。排污费变量 Standard 的系数虽然为负，但是非常小（-0.004），且在统计上并不显著，说明排污费征收标准变化并没有对就业产生显著影响。

表 3-6　　固定效应模型的估计结果

变量	全行业样本	全行业样本	纺织业样本	化学原料及化学制品制造业样本	非金属矿物制造业样本	黑色金属冶炼及压延加工业样本
	模型（1）	模型（2）	模型（3）	模型（4）	模型（5）	模型（6）
Law	-0.081*** (0.004)	0.025 (0.004)	0.067** (0.006)	-0.157** (0.011)	0.059 (0.012)	-0.074 (0.021)
Standard	-0.004 (0.024)	-0.016 (0.021)	-0.019 (0.033)	-0.044 (0.055)	-0.026 (0.063)	-0.022 (0.123)
Letter_per_capita	-0.106*** (0.0001)	0.006 (0.0001)	0.058* (0.0001)	-0.202*** (0.0001)	0.013 (0.0001)	-0.092 (0.0001)
Soe	0.013 (0.038)	0.022** (0.032)	0.034** (0.052)	0.075*** (0.076)	-0.048 (0.09)	0.0001 (0.166)
Output	0.661*** (0.011)	0.698*** (0.01)	0.724*** (0.015)	0.698*** (0.024)	0.672*** (0.028)	0.752*** (0.044)
Age	0.122*** (0.001)	0.143*** (0.001)	0.123*** (0.002)	0.205*** (0.003)	0.278*** (0.003)	0.223*** (0.008)
行业固定效应	否	是	否	否	否	否
R^2	0.466	0.596	0.580	0.586	0.503	0.689
样本量	3770	3770	1640	579	397	158

注：系数是标准化系数；括号中报告的是稳健标准误，***、** 和 * 分别表示在 1%、5% 和 10% 的水平上显著。

资料来源：笔者利用 Stata15.0 软件整理计算而得。

表3－6中的模型（2）在表3－6中的模型（1）的基础上，控制了行业异质性的影响。值得注意的是，三个环境规制政策工具变量在引入行业固定效应后均变得不显著了，表明行业异质性极大地影响了环境规制工具的就业效应。因此，选取了样本中企业数量最多的四类行业①，根据污染行业污染物排放特征，四类行业中包括两个水污染密集型行业，分别是纺织业样本［模型（3）］和化学原料及化学制品制造业样本［模型（4）］；还包括两个大气污染密集型行业，分别是非金属矿物制造业［模型（5）］和黑色金属冶炼及压延加工业［模型（6）］。

根据分行业的样本回归结果，在两个水污染密集型行业中，环境规制变量的显著性和符号有所不同。具体而言，与全部行业样本的回归结果类似，排污费变量Standard的系数虽然为负，但在统计上仍旧不显著。因此，在样本研究时间段，长三角地区的排污费征收标准调整并没有对就业产生显著影响。化学原料及化学制品制造业样本的估计结果与全部行业样本类似［表3－6中的模型（4）］，Law变量和Letter_per_capita变量的系数依旧显著为负，表明这两类环境规制政策对就业有削减作用。

值得注意的是，在纺织业样本的估计结果中［表3－6中的模型（3）］，Law变量的系数为正且在5%的水平上显著。Letter_per_capita变量的系数为正且在10%的水平上显著。这意味着，对纺织业的企业来说，环境规制措施的增强会促使企业雇用更多劳动力。纺织企业是长三角地区以及太湖流域污染物排放的主要来源，纺织业是区域内环境监管的重点对象。2004年，江苏省专门针对纺织染整工业执行了更严格的水污染物排放标准（DB 32/670－2004）。出于对纺织业污染治理的重视，地方政府可能会不断加大针对纺织业的科技投入，扶持纺织企业淘汰落后工艺，纺织企业也相应地更重视采取节能减排新工艺、开发新

① 在全部行业样本中，四类行业企业数累积占比73.5%。

技术。在样本的研究时间段，长三角地区的纺织企业受到环境规制倒逼技术创新的作用，波特假说得以验证，因此，环境规制的增强对纺织行业就业起到了拉动作用。

环境规制变量在大气污染密集型行业的两个样本中［模型（5）和模型（6）］均不显著，说明在样本研究时间段内，环境规制对长三角地区大气污染密集型行业的就业并未产生显著影响。

3.3 小结与讨论

本章利用省级层面的环保减排数据以及企业层面的就业数据，通过计量模型回归对中国各类环境规制工具的宏观减排效应和微观就业效应进行了实证检验。研究结果表明，正式环境规制工具与非正式环境规制工具，都对污染物减排起到了促进作用。此外，与政府主导的命令控制型规制政策和市场型规制政策相比，公众参与的非正式环境规制对减排的影响更大。这一研究结果与既有研究一致，表明非正式规制在发展中国家的环境管理体系中起到了非常重要的作用（Zheng and Shi，2017）。地方政府应注重正式环境规制工具与非正式环境规制工具的协调使用，推动公众积极参与地方环境规制事务。

公众参与环境规制的减排效应，在我国东部、中部、西部三大区域间存在显著差异。公众参与环境规制在东部地区的污染减排中起到了重要的作用，而在中部地区、西部地区却没有发挥出显著影响。已有研究表明，环境规制的治理效果与地区经济发展水平和居民收入水平密切相关。考虑到中国各地区间发展的明显差异，在中央政府和地方政府之间进行适度的环境分级管理，鼓励地方政府根据辖区内的实际情况，实行差异化的环境规制政策应该会取得更好的环境治理效果。

最后，环境法律法规政策和居民参与环境规制，对就业具有削减作用。与宏观减排作用的结果类似，居民参与环境规制对就业产生了更大影响。而排污费征收制度，对就业没有产生显著影响。此外，环境规制工具的效应与企业的行业属性密切相关，环境规制变量对大气污染密集型企业就业没有产生显著影响，而正式环境规制工具和非正式环境规制工具对水污染行业中的纺织业企业就业产生了促进作用。即使是在中国经济较发达的长三角地区，环境规制工具整体上仍对地区企业绩效产生了不利影响，严格的环境规制措施迫使企业减少劳动力投入，进而可能导致企业绩效下降。微观层面企业就业规模的缩减，最终会导致宏观层面地方经济的衰退。因此，对于地方政府而言，要充分认识到严格的环境规制确实会对地方经济带来负面冲击。另外，环境规制的负面影响可能只是短期效应，环境规制增强还会促进纺织业的就业增加，环境规制最终有可能导致企业竞争力提升。因为本章使用的数据相对陈旧，所以，随着时间的推移，后续研究中采用更新的企业数据，可能会为波特假说提供更多实证依据。

第4章

环境规制政策的空间差异

4.1 环境规制的测度：文献回顾

环境规制具有十分丰富的内涵，学术界对环境规制含义的界定，也随着环境规制手段和环境规制参与主体而发生变化。赵玉民等（2009）将环境规制定义为"以环境保护为目的、个体或组织为对象、有形制度或无形意识为存在形式的一种约束性力量"。环境规制的本质特征在于约束性，对于实证分析而言，在实际统计的数据指标中，并没有能够直接反映约束程度的指标，因此，需要通过寻找合适的关联指标来间接地测度环境规制水平。

本节主要回顾了主流文献中对于中国环境规制的测度方法。在中国知网文献搜索平台上，以"环境规制"作为关键词进行搜索，整理出被引次数排名前10位的实证研究文献，[①] 我们对10篇文献中环境规制的测度方法进行了总结（见表4-1）。

---

① 搜索中重点关注实证分析的文献，对于理论分析类文献和文献综述类文献并未包括在内。

表4-1 代表性实证文献中环境规制的度量

作者、论文题目（引用次数）	期刊（发表时间）	测度方法
傅京燕和李丽莎．环境规制、要素禀赋与产业国际竞争力的实证研究——基于中国制造业的面板数据（513）	管理世界（2010）	使用各行业实际污染指标，采用综合指数法构建各个行业的环境污染强度指标体系，其中包括一个目标层（环境规制综合指数）、3个评价指标层（废水、废弃物和废渣）和若干个单项指标层（废水排放达标率、烟粉尘去除率、粉尘去除率和固体废物综合利用率）
朱平芳、张征宇和姜国麟：FDI与环境规制：基于地方分权视角的实证研究（462）	经济研究（2011）	根据污染物排放量构建指数反映城市环境规制水平，污染物包括废水、废尘和二氧化硫排放量。对三类污染物的污染单位GDP排放量去量纲，然后，取算术平均数，构成一个综合指标
沈能和刘凤朝：高强度的环境规制真能促进技术创新吗？——基于“波特假说”的再检验（379）	中国软科学（2012）	省（区市）的环境规制评价指数：100×（污染治理完成额/工业产值）/（工业产值/GDP）
陆旸：环境规制影响了污染密集型商品的贸易比较优势吗？（368）	经济研究（2009）	（1）外生环境规制指标：2005年国际地球科学信息中心网（centre for international earth science information network，CIESIN）提供的环境监管指标；（2）内生环境规制指标：人均收入水平
蒋伏心、王竹君和白俊红：环境规制对技术创新影响的双重效应——基于江苏制造业动态面板数据的实证研究（353）	中国工业经济（2013）	采用线性标准化的方法对环境规制指标进行处理，构建综合反映不同产业污染规制强度及其变化的指标体系，测算各行业的污染排放强度作为环境规制的替代指标。先计算出各行业的主要污染物（“三废”）单位产值的污染排放值，再对各行业的单位污染排放量进行线性标准化并进行加权平均整理，从而得出污染排放强度
李斌、彭星和欧阳铭珂：环境规制、绿色全要素生产率与中国工业发展方式转变——基于36个工业行业数据的实证研究（348）	中国工业经济（2013）	利用工业废水排放达标率、工业二氧化硫去除率及工业固体废弃物综合利用率测算环境规制强度综合指标。进行［0~1］区间标准化和无量纲化，以消除衡量单位的影响；按照污染排放计算分行业的评价指标权重，以反映各行业污染物治理力度的差异；根据各单项指标的标准化值及相应的权重值，测算单个指标的环境规制强度，进而加总得到分行业的环境规制强度

续表

作者、论文题目（引用次数）	期刊（发表时间）	测度方法
李胜兰，初善冰和申晨:地方政府竞争、环境规制与区域生态效率（336）	世界经济（2014）	（1）规制制定变量：由累计设立的地方环保法规数测度；（2）规制实施变量：由工业污染治理投资完成额与工业增加值的比例测度；（3）规制监督变量：由排污费收入与工业增加值的比例测度
王杰和刘斌：环境规制与企业全要素生产率——基于中国工业企业数据的经验分析（322）	中国工业经济（2014）	利用废水排放量、二氧化硫排放量、粉尘排放量和固体废物排放量的数据，对各类排放数据进行线性标准化、等权加和平均的方法计算各行业的污染强度
应瑞瑶和周力：外商直接投资、工业污染与环境规制——基于中国数据的计量经济学分析（311）	财贸经济（2006）	污染治理投资额表示地区环境规制水平，具体包括污染治理项目本年完成投资、治理废水投资额、治理废气投资额、治理固体废物投资额
王国印和王动：波特假说、环境规制与企业技术创新——对中东部地区的比较分析（293）	中国软科学（2011）	环境规制强度＝（污染治理成本/工业产值）×1000，用工业污染治理项目的年实际投资总额作为企业污染治理的成本指标和支出指标

资料来源：笔者根据中国知网搜索结果整理，文献引用次数统计截至2020年1月27日。

表4－1中列举的10篇文献发表时间段在2006～2014年，发表后被引用次数在293～513次区间。高被引意味着，这些论文在中国环境规制相关实证分析中产生了重要的学术影响，论文中采用的环境规制度量方法对后续研究具有重要的指导意义和参考价值。通过梳理可以看出，10篇代表性文献主要依靠四种方法构建指标来度量环境规制强度。

第一种方法是利用污染治理投资数据构建指标。在10篇文献中，有4篇采用了污染治理投资数据。这种方法的逻辑在于，污染治理投资水平能够反映地方政府对污染问题的重视程度，工业污染治理项目投资可以体现一个地区在环境管理上付出的努力和决心（王国印和王动，2011），因此，可以很好地测度地区环境规制强度。在早期文献中，直接利用各种污染物治理投资额来测度环境规制（例如，应瑞瑶和周力，2006）。在后续研究中，测度方法逐渐深化，在剔除了地方工业规模和产业结构的影响后，地区污染治理投资水平和地区环境规制程度呈正相关关系（沈能和刘凤朝，2012；李胜兰等，2014）。一个地区的污染投资水平越高，该地区的环境规制强度越大，环境规制越严格。

第二种方法是利用污染物排放量数据构建指标。在10篇文献中，有3篇利用了污染物排放量数据。这种方法的逻辑在于，地方政府环境规制的主要目标是治理环境污染，地方政府环境规制的宽松和收紧主要是依据其管辖区内污染物排放情况而定的，因此，地区污染物排放量能很好地反映地方政府为治理环境污染而做出的努力。文献中普遍采用的做法是根据地区生产总值或者地区工业总产值，测算各类污染物的排放强度，然后，再对各类指标进行去量纲化处理，加权得到一个综合指数来体现地区或者行业的环境规制强度（如，朱平芳等，2011；蒋伏心等，2013；王杰和刘斌，2014）。通常，这类综合指数是正向指标，一个地区的环境强度综合指数越高，该地区的环境规制措施越严厉，环境规制强度越大。

第三种方法是利用污染治理达标率数据来构建指标。在10篇文献中，有2篇利用了污染治理达标率数据，这种方法主要用于测度行业环境规制强度（如，傅京燕和李丽莎，2010；李斌等，2013）。各类污染物治理达标率越高，行业的环境规制强度越大。

第四种方法是寻找外生指标测度环境规制强度。值得注意的是，无论是地区污染物治理投资还是地区污染物排放量，都是间接地反映地区环境规制水平的内生性指标。也就是说，这两类指标与地区环境规制水平密切相关，相互影响。如果观测到一个地区污染物治理投资水平较高，这未必是地区环境规制水平提高的结果，还有一种可能是，地方政府发现该地区污染问题严重，各类污染物排放超标，不得不增加环境污染治理投资进行污染物治理。这意味着，污染治理投资和污染排放量可能无法准确地反映出地方政府的环境规制水平。因此，需要寻找一种直接反映地方政府为治理环境问题而付出努力的指标。在10篇文献中，有2篇采用了这种外生指标测度方法。例如，陆旸（2009）利用CIESIN的环境监管指标，李胜兰等（2014）利用了直接反映地方政府环境立法和排污费征收情况的指标。

从总体上看，受制于数据完整性和可获得性，中国环境规制测度的研究主要呈现出三个特点。第一，主要采用治理投资数据和污染物排放数据来构建指标测度环境规制水平，这类指标往往具有内生性，与地方环境规制水平相互影响、互为因果。由此导致在实证分析中环境规制变量存在内生性问题，为获得稳健性回归结果，需要通过工具变量或其他手段，对环境规制变量的内生性进行处理（沈坤荣，2017；钟茂初和姜楠，2017），才能正确地估计环境规制的影响作用。第二，研究地理单元主要还是集中在省级行政区尺度，地级市尺度的环境规制水平测度较少。近年来，全国地级市的污染物排放量或者污染治理投资数据不易获取，相关数据的缺失可能是造成地级市尺度研究较少的主要原因。第三，早期研究缺乏对环境规制工具异质性的考察，主要关注的是环境规制整体的治理效果。近年来，随着公众环保意识的增强，对环境质量问题和环境治理问题日益关注，非正式环境规制在环境治理中的作用日趋显著（赵民和刘婧，2010；郑思齐，2013；马勇等，2018；陶长琪和丁煜，2019），文献中开始越来越注重各种类型的环境规制及其测度问题（姚林如等，2017；Zheng and Shi，2017；叶琴等，2018；任胜钢等，2018）。

4.2 环境污染规制的空间差异

4.2.1 正式环境规制的测度：以大气污染治理为例

地方政府环境规制强度与地区环境污染水平和污染治理投资水平密

切相关。如果地区污染排放超标，地区环境污染问题严重，这会倒逼地方政府重视环境污染治理，进而提高地区环境污染治理投资水平。因此，为了准确地反映地区环境规制水平，必须控制地区环境污染水平的影响。根据数据的可获得性，我们以地方政府的大气污染治理投资为例，利用污染治理投资数据和大气污染物排放数据，结合已有文献的做法，构建一个反映地区大气污染治理的环境规制指数，记为 ER 指数。我们计算了大气污染治理强度，然后，参考已有文献的做法，利用全国平均水平值进行无量纲化处理，具体计算方法如下：

$$ER_{j,t} = I_{j,t} \Big/ \frac{1}{n} \sum_{j=1}^{n} I_{j,t} \quad (4-1)$$

在方程（4－1）中，$ER_{j,t}$表示 j 地区 t 年的环境规制强度指数。$I_{j,t}$表示 j 地区 t 年的二氧化硫治理强度，等于 j 地区 t 年的工业废气治理投资除以 j 地区 t 年的二氧化硫排放量。ER 指数是一个正向指标，数值越大，表示该地区在大气污染治理方面的环境规制强度越大，该地区在大气污染治理方面的环境规制措施越严格。ER 指数来源于历年《中国环境年鉴》。

表 4－2 展示了中国东、中、西部三大区域①在 2000 年、2015 年正式环境规制强度指数（ER 指数）。从东、中、西部三大区域看，2000 年的环境规制强度指数差异不大，东部地区的平均环境规制强度（1.067）基本上与中部地区的平均环境规制强度（1.017）持平，略高于西部地区（0.921）。

2000 年，中国尚处于环境污染治理转型初期，在经济保持高速增长的同时，全国各地的环境污染形势都十分严峻，受制于“先污染，后治理”的粗放型发展理念，地方政府普遍把经济发展作为首要任务，对

① 在本章计算中国西部地区的环境规制指数的样本中，中国东部地区的省市包括北京、天津、河北、辽宁、上海、江苏、浙江、福建、山东、广东、海南；中国中部地区的省包括黑龙江、吉林、山西、安徽、江西、河南、湖北、湖南；中国西部地区的省区市包括内蒙古、广西、重庆、四川、贵州、云南、陕西、甘肃、青海、宁夏、新疆。由于数据可得性，中国的西藏自治区的数据，没有包含在本章计算中国西部地区的环境规制指数的样本中。

于辖区内的污染治理普遍较为宽松。在国家设定了环境污染治理目标和环境规制标准的情况下，地方政府普遍采用国家环境治理标准作为地方环境治理标准，地区间在环境治理强度上的差异并不明显。

表 4-2　中国东部、中部、西部三大区域在 2000 年、2015 年正式环境规制强度指数（ER 指数）

东部、中部、西部三大区域	2000 年	2015 年	2015 年变动率（与 2000 年相比）（%）
东部地区平均	1.067	1.791	68
中部地区平均	1.017	0.601	-41
西部地区平均	0.921	0.499	-46

资料来源：笔者根据历年《中国环境年鉴》的相关数据和 ER 指数公式整理计算而得。

相比之下，2015 年中国东部、中部、西部三大区域 ER 指数的差距明显扩大。东部地区的 ER 指数在 2015 年为 1.791，与 2000 年相比增长了 68%，而同期中部地区和西部地区的 ER 指数则显著减小，与 2000 年相比分别下降了 41% 和 46%。东、中、西部三大区域在环境规制强度上已经呈现出显著的梯度差异。

2015 年，中国经济发展进入新常态，环境治理也进入了“绿色”治理的新阶段。党中央和国务院高度重视环境治理问题。随着经济发展水平的不断提高，居民环保意识逐渐增强，对于环境质量的要求不断提高，对环境治理问题和污染减排问题越来越关注（张为杰，2017；易承志，2019）。自上而下的中央层面的环境治理压力和自下而上的居民环境关注，共同推动着地方政府重视辖区内的环境规制问题和污染减排问题。各地方政府也从过去的对 GDP 的单一关注，转向了促进经济增长与环境保护的平衡发展（张克中等，2018；李波和于水，2018；褚清华和王凡凡，2019）。东部地区的经济发达省市率先调整辖区内的发展战略，纷纷提高环境规制标准来实现转型升级，进一步拉大了东部地区与中西部地区间的环境规制差异。

4.2.2 非正式环境规制测度

中国民众参与环境规制，主要通过两种途径实现。一方面，中国在环境治理初期就建立了环境信访制度，根据2006年国家环境保护总局发布的《环境信访办法》，居民“可以采用书信、电子邮件、传真、电话、走访等形式，向各级环境保护行政主管部门反映环境保护情况，提出建议、意见或者投诉请求，依法由环境保护行政主管部门处理的活动”；[①] 另一方面，居民对环境治理的诉求可以通过人大代表进行反映，人大代表将群众对于环境问题的关切和污染治理的建议形成提案，在“两会”期间向政府提交。环境信访和人大提案从两方面反映了非正式环境规制的水平。我们在控制地区人口规模的情况下，对地区环境信访数量和人大提案数量进行无量纲化处理，利用二者的平均值，构建了一个反映地区非正式环境规制水平的IER指数，具体计算方法如下：

$$IER_{j,t} = \frac{1}{2}\left(L_{j,t}\Big/\frac{1}{n}\sum_{j=1}^{n}L_{j,t} + P_{j,t}\Big/\frac{1}{n}\sum_{j=1}^{n}P_{j,t}\right) \qquad (4-2)$$

在方程（4－2）中，$IER_{j,t}$表示j地区t年的非正式环境规制强度指数。$L_{j,t}$表示j地区t年的人均环境信访数量，$P_{j,t}$表示j地区t年的人均环境提案数量，IER指数是一个正向指标，数值越大，表示该地区居民对环境治理问题越重视，会更加积极地参与当地环境规制，该地区的非正式环境规制水平越高。IER指数来源于历年《中国环境年鉴》和《中国统计年鉴》。

表4－3展示了我国东部、中部、西部三大区域在2005年、2010年的非正式环境规制强度指数（IER指数）。与4.2.1小节中计算的ER指数结果不同，在2005年、2010年的计算结果中，东部地区的IER指

① 中华人民共和国生态环境部网站，http：//www.mee.gov.cn/gkml/zj/jl/200910/t20091022_171839.htm

数最高，西部地区居中，中部地区最低。这意味着，非正式环境规制水平在东部、中部、西部三大区域间存在明显差异，东部地区、西部地区的非正式环境规制强度都高于中部地区。从变动趋势上看，东部地区的IER指数有比较明显的提高，反映出东部地区非正式环境规制水平在持续增强，中部地区、西部地区的IER指数变动幅度不大，中部地区略有上升，而西部地区略有下降。

表4-3　中国东部、中部、西部三大区域在2005年、2010年的非正式环境规制强度指数（IER指数）

东部、中部、西部三大区域	2005年	2010年	2010年变动率（与2005年相比）（%）
东部地区平均	1.168	1.250	7
中部地区平均	0.666	0.683	3
西部地区平均	1.075	0.980	-9

资料来源：笔者根据历年《中国环境年鉴》和《中国统计年鉴》的相关数据整理计算而得。

已有研究发现，非正式环境规制和居民的受教育水平与收入水平密切相关（Pargal and Wheeler，1996；原毅军和谢荣辉，2014）。在通常情况下，居民受教育水平越高，收入水平越高，居民对环境问题越关注，参与非正式环境规制的可能性也越大。图4-1报告了2010年中国东部地区、中部地区和西部地区教育水平，其中，教育水平用每十万人口中的高校在校大学生人数表示。图4-2报告了2010年中国东部地区、中部地区和西部地区收入水平，其中，收入水平用城镇居民年均可支配收入表示。可以看出，在这两类影响非正式环境规制水平的指标上，中国东部、中部、西部三大区域间存在比较明显的差距。东部地区在教育水平和收入水平上都显著地高于中西部地区，这在一定程度上解释了为什么东部地区的非正式环境规制水平更高。

与发达国家相比，中国非正式环境规制水平还处于较低的阶段，居民自愿参与环境规制问题的积极性仍较低。我们根据2010年的ER指数和IER指数绘制了散点图（见图4－3）。从图中可以看出，二者之间呈现出比较明显的负向关系，IER指数随着ER指数的提高而降低。考虑到ER指数是基于大气污染治理投资和大气污染物中的二氧化硫的排放量数据计算的，这意味着，政府的大气污染治理和居民参与的非正式环境规制之间存在一种替代关系。面对大气污染问题，当政府的环境治理强度提高时，居民参与非正式环境规制的程度就下降了。这与中国非正式环境规制的实际情况相符。很多时候，居民只有在周边环境受到污染、环境权益受到侵害时，才会参与环境规制，向相关部门反映污染问题。这说明，居民参与环境规制的行动会受到地区环境污染的影响，中国西部部分地区的环境污染问题十分严重，生态恶化形势严峻，在地方政府不能有效地治理环境问题时，这些地区的居民只能通过自下而上的非正式环境规制来促进地方政府重视环境污染治理，这应该是导致西部地区IER指数相对较高的原因。

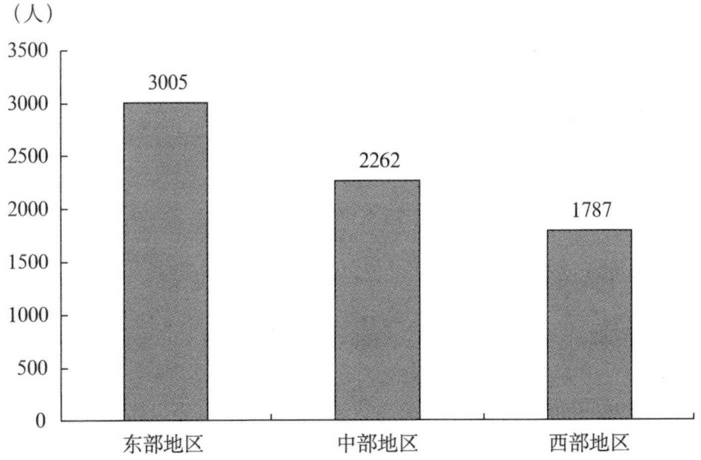

图4－1　2010年中国东部地区、中部地区和西部地区居民受教育水平

资料来源：笔者根据历年《中国统计年鉴》《中国区域经济统计年鉴》的相关数据整理计算绘制而得。

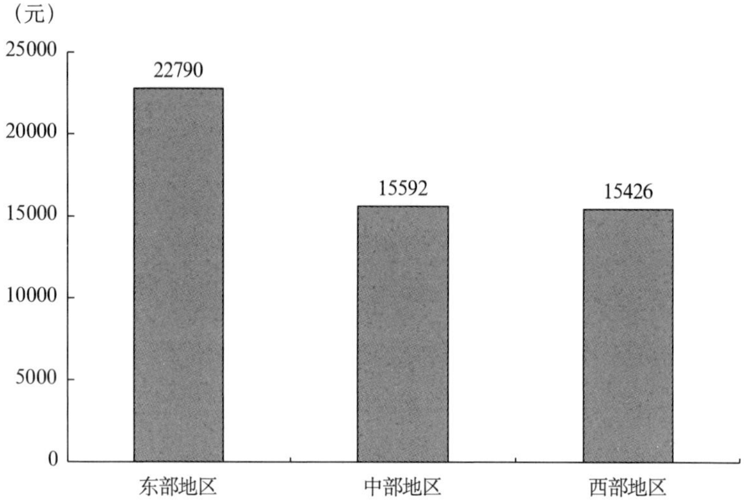

图4－2　2010年中国东部地区、中部地区和西部地区收入水平

资料来源：笔者根据历年《中国统计年鉴》《中国区域经济统计年鉴》的相关数据整理计算绘制而得。

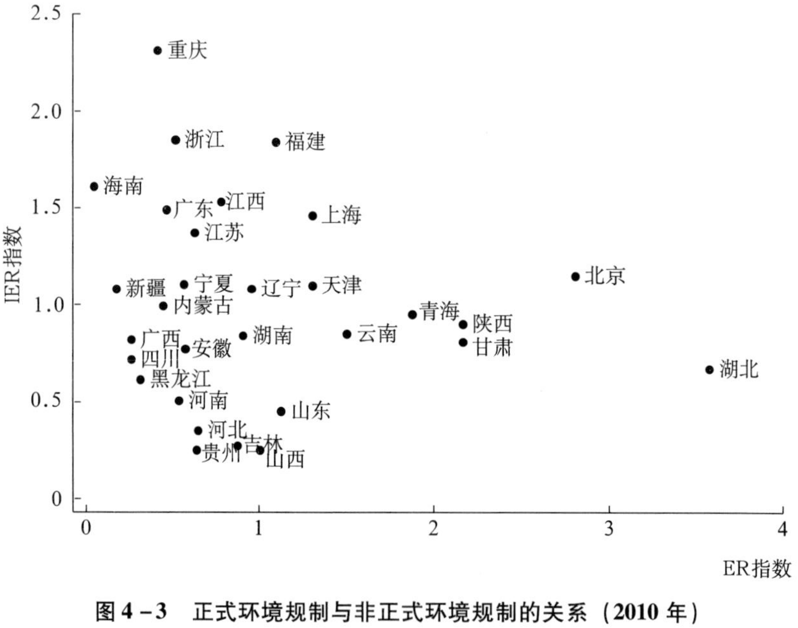

图4－3　正式环境规制与非正式环境规制的关系（2010年）

注：由于数据可得性，缺失中国西藏自治区和中国港澳台地区的数据。

资料来源：笔者根据ER指数和IER指数以及相关数据整理计算绘制而得。

值得注意的是，当环境信访、人大提案途径都无法满足公众诉求时，公众很可能会转为用更加激烈的抗争方式，导致近年来中国环境上访和环境群体性事件频发（赵树迪等，2017；薛立强和范文宇，2017）。这意味着，地方政府应该充分重视公众参与在环境规制体系中的作用（张诗晨和廖秀健，2017），对于确保公众环境利益、完善地区环境治理，维护地区稳定发展都具有重要意义。

4.3 策略性互动与地区环境规制差异

地方政府的环境规制政策设定不仅受到本地区因素的影响，同时，还与地方政府之间的策略性互动密切相关。4.3 节在策略性互动视角下，探讨地方政府如何设定和执行本地环境规制标准，揭示地区间环境规制空间差异形成的原因。

4.3.1 模型设定与模型估计

我们利用策略性反映方程来检验地方政府的环境政策策略性互动行为，基本模型设定见方程（4-1）。

$$E_{it} = \beta \sum_{j=1}^{30} \omega_{ijt} E_{jt} + X_{it}\gamma + \alpha_i + \lambda_t + \varepsilon_{it}, \quad i = 1, \cdots, 30, j \neq i \tag{4-3}$$

在方程（4-3）中，i 和 t 分别表示地区和年份。被解释变量 E_{it} 是反映地区环境规制水平的变量。在策略性反映方程（4-3）的设定中，该省（区市）的环境规制水平取决于其他省（区市）的环境规制水平，$\sum_{j=1}^{30} \omega_{ijt} E_{jt}$ 中，ω_{ijt} 代表空间权重矩阵。ω_{ijt} 定义了该省（区市）的互动省区市，一般采用外生的权重（Hernández-Murillo，2003）。参考既有文献的做法，我们主要使用地理邻近来定义该省（区市）的互动省（区市）。此外，经济发展水平也是影响省（区市）间竞争关系的主要因素。为此，我们参考国务院发展研究中心提出的经济区划的方法，[①] 将地理邻近与经济水平结合，使用经济地理邻近来定义该省（区市）的互动省（区市）。$\sum_{j=1}^{30}\omega_{ijt}E_{jt}$ 是策略性反映方程的核心变量，当给省（区市）的每个互动省（区市）赋予相同的权重时，$\sum_{j=1}^{30}\omega_{ijt}E_{jt}$ 代表了该省（区市）的互动省（区市）的平均环境规制水平，如果地方政府间存在环境政策策略性互动，那么，系数 β 应该显著为正且大于 0。

本章还在策略性反映方程（4－3）中，引入了其他影响该省（区市）环境规制水平的变量 X_{it}。此外，为了确保模型估计结果的稳健性，本章还引入了地区固定效应 α_i，以及年份固定效应 λ_t。ε_{it} 是随机扰动项。

在方程（4－3）中，政府间环境规制的相互影响意味着被解释变量 E_{it} 与解释变量 $\sum_{j=1}^{30}\omega_{ijt}E_{jt}$ 互为因果，因此，该省（区市）的互动省（区市）的平均环境规制水平是内生的。既有文献通常采用两种方法来解决 $\sum_{j=1}^{30}\omega_{ijt}E_{jt}$ 变量的内生性问题。一种是利用极大似然估计方法（ML）或者准极大似然估计方法（QML），另一种是寻找合适的工具变量，利用工具变量-两阶段最小二乘（Ⅳ-2SLS）方法对模型进行估计。ML 方法或 QML 方法需要误差项满足正态分布假设，并且计算量过大（Hernández-Murillo，2003）。相比之下，Ⅳ-2SLS 方法可以避免上述问题，而且，在环境政策策略性互动中使用非常普遍。因此，本章采用Ⅳ-2SLS 方法对方程（4－3）进行估计。根据既有文献的做

① 根据国务院发展研究中心提供的“十一五”期间中国区域规划的划分方法（周毅仁，2005；刘锋，2005），将中国的 31 个省区市划分为八大综合经济区，即北部沿海（北京、天津、河北、山东）、东部沿海（上海、江苏、浙江）、南部沿海（福建、广东、海南）、黄河中游（陕西、山西、河南、内蒙古）、长江中游（湖北、湖南、江西、安徽）、大西南（云南、贵州、四川、重庆、广西）、大西北（甘肃、青海、宁夏、西藏、新疆）和东北综合经济区（辽宁、吉林、黑龙江）。由于数据不可得，本模型未包括中国西藏自治区和中国港澳台地区，只包括中国的 30 个省（区市）。

法，只影响本地环境规制水平的变量，如地区人口特征变量可以作为工具变量（Fredriksson and Millimet，2002；Levinson，2003；Konisky，2007）。本章选取该省（区市）的互动省（区市）的平均人口规模 $\sum_{j=1}^{30}\omega_{ijt}$，选取 POP_{jt} 作为 $\sum_{j=1}^{30}\omega_{ijt}E_{jt}$ 的工具变量。

另外，为了检验地方政府之间环境政策策略性互动的具体形式，参考费格里奥等（Figlio et al.，1999）的做法，进一步估计了非对称的策略性竞争方程，具体设定见方程（4-2）：

$$E_{it} = \beta\sum_{j=1}^{30}\omega_{ijt}E_{jt} + \theta I_{it} \times \sum_{j=1}^{30}\omega_{ijt}E_{jt} + X_{it}\gamma + \alpha_i + \lambda_t + \varepsilon_{it} \tag{4-4}$$

$$I_{it} = \begin{cases} 1 & \text{if} E_{it} > \sum_{j=1}^{30}\omega_{ij}E_{jt} \\ 0 & \text{if} E_{it} \leqslant \sum_{j=1}^{30}\omega_{ij}E_{jt} \end{cases},\ i \neq j$$

与方程（4-3）相比，非对称的策略性竞争方程（4-4）中引入了一个虚拟变量 I_{it}。当 i 省（区市）的环境规制强度高于周边互动省（区市）的竞争者时 $\left(E_{it} > \sum_{j=1}^{30}\omega_{ij}E_{jt}\right)$，$I_{it}=1$；否则，$\left(E_{it} \leqslant \sum_{j=1}^{30}\omega_{ij}E_{jt}\right)$，$I_{it}=0$。（$\beta+\theta$）显示了当 i 省（区市）的环境规制标准高于周边互动省（区市）时，i 省（区市）地方政府对周边互动省（区市）地方政府环境规制变动的反应。类似地，β 显示了当 i 省（区市）的环境规制标准低于周边互动省（区市）时，i 省（区市）地方政府对周边互动省（区市）地方政府环境规制变动的反应。（$\beta+\theta$）和 β 的符号和显著性，体现出不同的环境政策策略性互动的类型。如果 β 显著为正，而（$\beta+\theta$）不显著或显著为负，则非对称性反应存在，地区间采用冲向底部的策略。如果 β 和（$\beta+\theta$）同时显著为正，则非对称性反应不存在，地区间采用模仿的竞争策略。

方程（4-4）中的其他解释变量，与方程（4-3）相同。本章同样运用Ⅳ-2SLS 方法对方程（4-4）进行估计，除了 $\sum_{j=1}^{30}\omega_{ijt}E_{jt}$ 变量之外，交叉项 $I_{it}\times\sum_{j=1}^{30}\omega_{ijt}E_{jt}$ 同样具有内生性，本章用工具变量 $\sum_{j=1}^{30}\omega_{ijt}POP_{jt}$ 与 I_{it} 的交叉项作为工具变量。

4.3.2 变量与数据

在中国的环境体系下，地方政府会使用多重环境规制工具规制企业的排污行为（Zheng and Shi，2017）。根据环境规制的强制性程度大小，本章在模型中引入了两类环境规制政策：命令控制型环境规制政策和市场型环境规制政策。其中，命令控制型环境规制政策的环境规制程度，由与地区环境相关的行政处罚案件数反映。命令控制型环境政策的规制越严格，使用越频繁，则地区环境行政处罚案件数越多。市场型环境规制政策的规制程度由排污费来反映。排污费制度是中国实施时间最长的一项市场型环境规制政策工具。许多文献都利用排污费构建指标来反映中国的环境规制水平（例如，Wang and Wheeler，2005；Dean et al.，2009；Cai et al.，2016；Pang et al.，2019）。当地区排污费制度得到严格执行的时候，地区征收的排污费总额应该会相应增加。另外，较多的排污费也可能是当地缴纳排污费的企业过多而导致的。因此，我们通过计算每个企业支付的平均排污费来消除地区产业规模的影响。

除了环境规制变量以外，参考既有文献的做法，本章主要控制了四个影响地区环境规制水平的变量，包括地区经济发展水平、地区产业结构、地区非正式环境规制水平以及地区人口。本章利用 2005～2015 年中国的 30 个省（区市）的面板数据，来估计方程（4－3）和方程（4－4）。表4－4 报告了方程（4－3）和方程（4－4）中各个变量的详细定义以及描述性统计量。环境规制变量的数据来自历年《中国环境年鉴》，其他控制变量数据来自历年《中国统计年鉴》。

表4-4 方程(4-3)和方程(4-4)中各个变量的详细定义以及描述性统计量

变量名称		定义和计算方法	均值	标准差	最小值	最大值
E_{ij}	行政处罚	地区行政环境相关的行政处罚案件数的自然对数	1.385	0.748	2.079	10.557
	排污费	地区平均每户缴纳的排污费的自然对数	7.397	1.34	-0.431	3.333
$\sum_{j=1}^{30}\omega_{ijt}E_{jt}$	周边互动省(区市)的行政处罚规制平均水平(地理权重)	周边互动省(区市)行政处罚案件数的平均数的自然对数	7.888	0.707	6.268	10.004
	周边互动省(区市)的排污费规制平均水平(地理权重)	周边互动省(区市)平均每户缴纳排污费的平均数的自然对数	1.537	0.582	0.166	3.333
	周边互动省(区市)的行政处罚规制平均水平(经济地理权重)	其他处于同一个综合经济区[省(区市)]行政处罚案件数的平均数的自然对数	7.886	0.747	5.212	10.004
	周边互动省(区市)的排污费规制平均水平(经济地理权重)	其他处于同一个综合经济区省(区市)平均每户缴纳排污费的平均数的自然对数	1.474	0.619	-0.174	2.962
X_j	经济发展	人均地区生产总值(根据2015年进行了平减)	3.633	2.095	0.820	10.796
	产业结构	第二产业在地区生产总值中所占的比重	40.498	7.877	13.121	53.036
	环境信访	地区环境信访总数	1.213	1.703	0.005	11.539
	地区人口	地区年末总人口数	4.425	2.656	0.543	10.849
α_i	区域固定效应	(J-1)个地区虚拟变量,J为省(区市)数	—	—	0	1
λ_t	时间固定效应	(T-1)个年份虚拟变量,T为样本期	—	—	0	1

注:“—”表示无数据。

资料来源:笔者根据历年《中国环境年鉴》和《中国统计年鉴》中的相关数据整理计算而得。

4.3.3 估计结果与讨论

4.3.3.1 环境政策策略性互动的存在性检验结果

表4-5报告了基准模型的估计结果。在表4-5中的模型（1）~模型（4）的估计结果中，周边互动省（区市）的环境规制水平变量$\sum_{j=1}^{30}\omega_{ijt}E_{jt}$的系数均为正且显著，说明该省（区市）会对周边互动省（区市）的环境规制变动做出对称性的反应。这说明，地方政府会参与到环境政策策略性互动中，根据周边互动省（区市）地方政府的环境规制水平来调整该省（区市）的环境规制水平。这一结论与既有研究一致（杨海生等，2008；Renard and Xiong，2012），当周边互动省（区市）降低环境规制水平的时候，该省（区市）地方政府也随之放松环境规制水平；当周边互动省（区市）实行严格环境规制时，该省（区市）地方政府也随之提高环境规制水平。

表4-5 基准模型的估计结果

变量	被解释变量：行政处罚		被解释变量：排污费	
	模型（1）（地理权重）	模型（2）（经济地理权重）	模型（3）（地理权重）	模型（4）（经济地理权重）
策略性互动，$\sum_{j=1}^{30}\omega_{ijt}E_{jt}$	2.858** (1.539)	1.873*** (0.863)	0.726*** (0.188)	0.674*** (0.280)
经济发展	0.239 (0.210)	-0.050 (0.125)	-0.080 (0.060)	-0.048 (0.052)
产业结构	-0.055 (0.036)	0.012 (0.021)	0.033*** (0.007)	0.031*** (0.007)
环境信访	0.102** (0.052)	0.199*** (0.069)	0.055** (0.026)	0.046* (0.026)
地区人口	0.945 (0.592)	0.886* (0.525)	-0.127 (0.191)	-0.110 (0.200)
常数项	-15.226 (12.326)	-0.912 (8.168)	0.048 (1.293)	-0.033 (1.510)
地区固定效应	控制	控制	控制	控制
时间固定效应	控制	控制	控制	控制

续表

变量	被解释变量：行政处罚		被解释变量：排污费	
	模型（1） （地理权重）	模型（2） （经济地理权重）	模型（3） （地理权重）	模型（4） （经济地理权重）
R^2	0.100	0.476	0.767	0.766
样本量	330	330	330	330
内生性检验统计量 （p值）	8.748 （0.003）	11.311 （0.000）	6.237 （0.012）	2.909 （0.088）
第一阶段回归调整 R^2	0.020	0.030	0.237	0.091
F统计量（P值）	4.135 （0.042）	7.322 （0.007）	67.992 （0.000）	14.237 （0.000）

注：括号中报告的是稳健性标准误；***、**和*分别表示在1%、5%和10%的水平上显著。

资料来源：笔者利用Stata15.0软件整理计算而得。

根据表4－5中的模型（1）～模型（4）的估计结果，四个控制变量的显著性在不同模型中存在较大差异。首先，环境信访变量是唯一在所有模型中都具有显著系数的变量。环境信访变量的系数为正，说明民众通过信访方式参与环境规制对于政府主导的命令控制型环境规制（行政处罚）和市场型环境规制（排污费）都起到了促进作用。这一结果与既有文献研究结论相符，公众参与非正式环境规制在发展中国家的环境规制体系中起到了重要作用（Kathuria，2007；Féres and Reynaud，2012；周海华和王双龙，2016；Zheng and Shi，2017）。其次，在以排污费作为被解释变量的模型（3）和模型（4）中，产业结构变量的系数为正且在1%的水平上显著，说明经济型环境规制在产业结构偏向工业化的地区更加严格。再次，地区人口变量只在以行政处罚为被解释变量的模型（2）中显著为正，人口规模越大，地区实施的命令控制型环境规制越严格。最后，经济发展变量在所有模型回归中都不显著。地方政府在环境规制过程中，会考虑环境治理的边际收益和边际成本，只有在经济发展水平越过门槛阈值后，地方政府才开始注重环境规制，经济发展与环境规制之间应该存在一种非线性关系，而且与时间效应相关，本章在模型中控制了时间固定效应，因此，地区经济发展水平变量就变得不显著了。

各个环境规制变量都进行了取自然对数处理（见表4－4），因此，周边互动省（区市）的环境规制变量 $\sum_{j=1}^{30}\omega_{ijt}E_{jt}$ 的系数实际上反映出省（区市）间环境政策策略性互动的弹性。值得注意的是，估计结果显示，环境政策策略性互动的弹性在模型间存在较大差异。例如，在地理权重定义周边互动省（区市）的估计结果中［见表4－5中的模型（1）］，对于命令控制型环境规制政策，周边互动省（区市）环境行政处罚案件数变动10%，将导致该省（区市）随之调整行政处罚执行力度，该省（区市）环境行政处罚案件数将随着周边互动省（区市）变动20%。相比之下，市场型环境规制政策的竞争弹性要小很多，周边互动省（区市）调整排污费规制10%，该省（区市）随之变化的调整幅度只有7%。

两类环境政策的不同竞争弹性可能意味着，地方政府在参与环境政策策略性互动过程中，使用了不同类型的环境规制工具。根据估计结果，相对而言，该省（区市）对周边互动省（区市）采取的命令控制型环境规制政策的变动更加敏感，更倾向于使用命令控制型环境规制工具参与环境政策策略性互动。究其原因，命令控制型环境规制工具的强制性确保政府对企业采取行政处罚，企业就必须接受并遵守相关处理决定，短期内对于污染治理的成效往往十分显著。而市场型环境规制工具发挥作用，却需要一定的过程。例如，当政府提高排污费标准后，企业可以选择根据排污费标准来调整污染排放量，或者遵循市场机制为更多的污染排放缴纳更多的排污费。对于地方政府而言，命令控制型环境规制政策在环境规制的实践工作中更容易实施和调整，短期内的成效最为显著，因此，受到了地方政府的青睐。

4.3.3.2 稳健性分析

首先，采用工具变量法的前提条件是，在方程（4－4）中，周边互动省（区市）的环境规制水平变量 $\sum_{j=1}^{30}\omega_{ijt}E_{jt}$ 确实是内生的。如果该条件得不到满足，OLS 估计将比 2SLS 估计更有效。因此，我们对变量 $\sum_{j=1}^{30}\omega_{ijt}E_{jt}$ 进行了基于稳健性标准差的内生性检验。此外，合适的工具变量必须与内生变量高度相关，弱工具变量将导致 2SLS 估计结果偏向 OLS 估计结果。在这种情况下，Ⅳ估计的结果会产生严重误导（Stock et al.，2002）。为此，我们还对工具变量的强弱进行了检验，表 4－5 的最后部分报告了检验结果。在模型（1）和模型（2）中，内生性检验统计量均在 1% 的水平上显著。在表 4－5 中的模型（3）和模型（4）中，内生性检验统计量分别在 5% 和 10% 的水平上显著，因此，可以拒绝外生性的原假设，在回归中将变量 $\sum_{j=1}^{30}\omega_{ijt}E_{jt}$ 认定为内生变量，采用工具变量法进行估计。根据第一阶段回归的结果，除模型（3）外，其余三个模型的调整 R^2 的数值较小。不过，F 统计量的联合显著性检验在三个模型中都在 1% 的水平上显著。总体来看，可以推断模型整体通过了弱工具变量识别检验，表 4－5 中报告的实证分析结果在统计上是有效且一致的。

其次，无论本章采用哪种空间权重矩阵，在表 4－5 中的四个模型的估计结果中，周边互动省（区市）的环境规制变量的系数都是显著的，因此，估计结果并不会因空间权重不同而发生改变。综合来看，模型的估计结果是稳健的。该省（区市）会根据周边互动省（区市）的环境规制水平来设定本省（区市）的环境规制水平，地方政府间存在明显的环境政策策略性互动行为。

4.3.3.3　环境政策策略性互动的非对称性检验结果

方程（4－3）的估计结果证实了中国的各省（区市）地方政府之间存在环境政策策略性互动，但在方程（4－3）的设定中，该省（区市）地方政府对于周边互动省（区市）环境规制变动的反应是对称性的。方程（4－4）的设定，进一步揭示了各省（区市）地方政府环境政策策略性互动的形式。表 4－6 报告了方程（4－4）的估计结果。

首先，在四个模型中，周边互动省（区市）的环境规制变量

$\sum_{j=1}^{30}\omega_{ijt}E_{jt}$ 的系数 β 依旧为正且显著，方程（4－1）的估计结果并没有变化。

其次，交叉项 $I_{it}\times\sum_{j=1}^{30}\omega_{ijt}E_{jt}$ 的系数 θ 为正且在所有模型中都在1%的水平上显著，因此，模型结果并没有为冲向底部策略提供证据支持。具体而言，无论采用哪种环境规制政策参与环境政策策略性互动，该省（区市）地方政府采用的都是模仿策略，当周边互动省（区市）利用宽松的环境规制吸引投资时，该省（区市）地方政府也会随之放松环境规制政策；当周边互动省（区市）加强环境规制或周边互动省（区市）的环境规制程度较高时，该省（区市）地方政府也会随之采取类似的调整。该省（区市）地方政府采取模仿策略的目的在于，缩小与周边互动省（区市）之间的环境规制差异（张文彬等，2010）。

表4－6　　　　方程（4－2）的估计结果

变量	被解释变量：行政处罚		被解释变量：排污费	
	模型（1） 地理权重	模型（2） 经济地理权重	模型（3） 地理权重	模型（4） 经济地理权重
β	2.705** （1.354）	2.318* （1.288）	0.979*** （0.172）	1.021*** （0.166）
θ	0.294*** （0.091）	0.208*** （0.049）	0.506*** （0.039）	0.467*** （0.045）
控制变量	控制	控制	控制	控制
常数项	控制	控制	控制	控制
地区固定效应	控制	控制	控制	控制
时间固定效应	控制	控制	控制	控制
R^2	0.343	0.416	0.838	0.819
样本量	330	330	330	330
内生性检验统计量 （p值）	8.501 （0.014）	13.309 （0.001）	29.555 （0.000）	12.311 （0.002）
第一阶段回归调整 R^2	0.137	0.048	0.304	0.289
F统计量（P值）	18.437 （0.000）	9.464 （0.000）	54.385 （0.000）	41.621 （0.000）

注：括号中报告的是稳健性标准误；*** 、** 和 * 分别表示在1%、5%和10%的水平上显著。

资料来源：笔者利用Stata15.0软件计算整理而得。

从“十五”时期开始，中国在五年规划中明确提出了总量减排目标，并同时对省级行政区的地方总量减排进行了分配。为了推进地方总量减排工作，中央政府还将减排任务与地方政府官员的政绩挂钩，对环境治理表现不利的官员实行问责制和“一票否决制”。①② 为了检验地方政府环境政策策略性互动是否随着中央环境治理相关政策的变动发生变化，本章将样本分为两个时期，“十一五”时期（2005～2010年）和“十二五”时期（2011～2015年），分别利用两个时期的样本对方程（4-4）进行了估计。

表4-7报告了分时期样本的环境政策策略性互动的估计结果。③ 从总体上看，策略性互动变量的系数和交叉项变量的系数，在分样本中都不显著。这说明，省（区市）地方政府采取的模仿式的环境政策在样本考察时间段上是一致的，并没有在不同经济规划时期和环境规划时期发生显著变化。本章的结论意味着，自上而下的环境压力没有对地方政府间的环境政策策略性互动行为产生显著影响。

现有文献对于中央政府强化环境治理如何影响地方政府的环境治理行为展开了一些研究，但尚未取得一致的结论。部分文献认为，来自中央政府的环境压力，将促使地方政府更加重视污染治理问题和环境保护问题（张文彬，2010；张华，2016）。另外，也有文献对地方政府是否会积极投入环境规制产生了质疑，认为仅靠自上而下的压力很难增强地方政府治理环境的主动性（齐晔，2013；郑思齐等，2013），我们的研究结果为这种质疑提供了一些证据支持。

---

① 中国政府网，http：//www.gov.cn/zhengce/2015-08/17/content_2914585.htm。

② 国务院新闻办公室官方网站，http：//www.scio.gov.cn/xwfbh/wqfbh/2007/1129/Document/324847/324847.htm。

③ 由于篇幅限制，只给出了根据地理权重的估计结果，根据经济地理权重的估计结果没有给出。与地理权重的估计结果类似，经济地理权重估计中β的系数和θ的系数均不显著。

表 4-7　　分时期样本的环境政策策略性互动的估计结果

变量	被解释变量：行政处罚		被解释变量：排污费	
	模型（1） “十一五” 时期样本	模型（2） “十二五” 时期样本	模型（3） “十一五” 时期样本	模型（4） “十二五” 时期样本
策略性互动，$\sum_{j=1}^{30}\omega_{ijt}E_{jt}$	-4.092 (3.908)	-0.492 (0.769)	0.212 (0.330)	-4.359 (5.668)
控制变量	控制	控制	控制	控制
常数项	控制	控制	控制	控制
地区固定效应	控制	控制	控制	控制
时间固定效应	控制	控制	控制	控制
R^2	0.461	0.853	0.865	0.533
样本量	180	150	180	150
内生性检验统计量 （p 值）	2.936 (0.086)	0.299 (0.584)	0.004 (0.945)	4.699 (0.030)
第一阶段回归调整 R^2	0.006	0.037	0.190	0.007
F 统计量（P 值）	1.095 (0.297)	2.980 (0.087)	42.314 (0.000)	0.475 (0.491)

注：括号中报告的是稳健性标准误。

资料来源：笔者利用 Stata15.0 软件整理计算而得。

4.4　小结与讨论

本章在回顾既有文献环境规制测度方法的基础上，利用省级环境规制的相关数据，分别构建、计算了 ER 指数和 IER 指数来测度中国正式环境规制的水平和非正式环境规制的水平。根据 ER 指数的计算结果，大气污染治理方面的环境规制，在东部、中部、西部三大区域间的不同时期存在明显差异。与 2000 年相比，2015 年东部、中部、西部三大区域 ER 指数的差距明显扩大，东部、中部、西部地区在大气污染治理强度上呈现出梯度递减趋势，东部地区的正式环境规制水平要显著地高于中西部地区。根据 IER 指数的计算结果，非正式环境规制水平在地区间存在显著差异，呈现出东部地区、西部地区高，而中部地区低的空间特征。

本章重点分析了中国的 30 个省（区市）在正式规制和非正式规制上的空间差异及其成因。在中国环境体系下，环境规制政策由中央环保部门制定和监督，实施则由地方政府相关部门具体负责。地方政府的环境规制政策设定不仅受到本地因素的影响，同时，与各省（区市）地方政府之间的策略性互动密切相关。本章在策略性互动的视角下，探讨地方政府如何设定、执行本地的环境规制政策，揭示地区间环境规制空间差异的形成原因。

本章利用面板数据模型，采用Ⅳ-2SLS 方法对环境政策策略性互动行为进行了估计。研究结果显示，在当前的环境规制体系下，各省（区市）地方政府存在环境政策策略性互动行为，该省（区市）地方政府会根据周边互动省（区市）地方政府的环境规制水平来调整本省（区市）的环境规制水平。各省（区市）地方政府在环境政策策略性互动中采取的是一种对称性的模仿策略，并不存在冲向底部行为。结合本章关于省级地方政府环境规制水平的分析，可以看出除了少数东部地区的省市之外，中国大多数省（区市）的环境规制仍处在较低的水平上，各省（区市）地方政府在环境规制中采取的这种模仿式的策略意味着，中国各省（区市）环境规制总体上将保持在一种低水平的状态（张华，2016），这显然不利于环境保护和污染控制。

此外，本章和第 3 章关于环境规制工具减排效应的检验结果都显示，在样本考察的“十一五”期间和“十二五”期间，中央政府不断强化环境治理的情况下，地方政府的环境治理行为并没有发生过多变化，第 3 章中的实证分析结果显示，环境规制工具的减排效应在不同时期不存在显著变化，而本章再次印证了这一结论，地方政府模仿式的环境政策策略性互动行为也没有随着中央环境治理压力的增强而发生预期的改变。中央政府应进一步建立健全环境管理监管体系，在允许地方政府因地制宜制定环境地方标准的同时，应该进一步加强对地方政府环境执行的监管，同时出台相应举措，确保行政问责制度的贯彻和执行。

第5章

多重环境规制工具与污染产业转移

5.1 引　　言

改革开放以来，中国在经济建设方面取得了举世瞩目的成就，一方面，经济高速增长，综合实力大幅提升，已成为世界第二大经济体，创造了经济发展史上的中国奇迹；另一方面，片面依赖粗放的经济发展方式，快速经济增长也带来了各种环境问题和生态问题。

近年来，中央政府先后出台了一系列环境保护法律法规和政策措施，逐渐加大了对环境污染的治理力度，2016 年，中国环境污染治理投资总额为 9220 亿元，比 2001 年增长 6. 9 倍。其中，城镇环境基础设施建设投资 5412 亿元，比 2001 年增长 7. 3 倍；工业污染源治理投资为 819 亿元，比 2001 年增长 3. 7 倍；2016 年，完成环境保护验收项目环境保护投资 2989 亿元，比 2001 年增长 7. 9 倍。①

在处理经济发展与环境保护矛盾的同时，中国逐步建立了一套完

① 国家统计局 2018 年发布的《改革开放 40 年经济社会发展成就系列报告之十八：环境保护事业全面推进 生态文明建设成效初显》。

整的环境治理体系（Mol and Carter，2006；Shi and Zhang，2006），多种环境规制工具得到了广泛应用。环境法律法规的制定为环境治理提供了法律依据，市场型环境规制工具（例如，排污费）的设立和实施为环保事业发展和污染治理提供了资金支持。近些年，随着环保理念的逐渐深化，国民环境保护意识显著增强，公众开始积极地参与环境治理。越来越多的研究表明，无论在发达国家（Langpap and Shimshack，2010；Cole et al.，2013）还是发展中国家（Kathuria，2007），公众参与环境规制都会对企业的污染行为产生显著影响。此外，公众对环境问题的关注，还会影响政府的环境治理力度。费雷斯和雷诺德（Féres and Reynaud，2012）将企业的污染排放看作企业生产的副产品，考察了巴西的环境规制政策和公众参与对企业环境绩效的影响。其研究结果表明，政府实施的环境监察措施和行政处罚措施以及来自公众的环境治理压力，都会影响制造业企业的污染排放。此外，当有更多公众参与到环境规制中时，政府的环境治理力度也会随之提高。

在中国的环境治理体系中，绝大多数环境政策由中央环境治理部门负责制定，而由地方环境监管机构负责具体实施。在中国式的环境体制下，地方政府对环境政策的执行意愿存在显著的地区差异。地方政府需要在环境保护和经济增长之间进行权衡（Li and Zhou，2005）。与发达的东部地区相比，内陆欠发达地区对环保法规重视程度较弱（Lian et al.，2016），环境监管政策的执行力也较弱。数据显示，在2004～2013年，东部地区共颁布实施了310项环保法规，是中部地区的1.5倍、西部地区的1.7倍。东部地区每个企业年均支付排污费800351元，显著高于中部地区（497235元）和西部地区（369416元）。[①]

从公众参与情况看，2013年，作为发达地区的广东省共收到

---

① 笔者根据历年《中国环境年鉴》的相关数据整理计算而得。

136230 件环保投诉信件，相比之下，作为欠发达地区的新疆维吾尔自治区收到的环保投诉信件仅为 10088 件。①

环境规制政策的国家（地区）差异，会影响污染产业区位。正如污染避难所假说的预测，污染企业往往倾向于转移到环境规制较为宽松的国家和地区，导致这些国家和地区成为污染产业的避难所。污染避难所假说的理论起源于 H-O 模型，科普兰德和泰勒（Copeland and Taylor，1994）构建了一个一般均衡模型来阐明国际贸易和污染之间的关系。模型的基本设定中包括两个国家，北方国家是一个高度发达的国家，具有较高的收入水平；而南方国家是一个欠发达的国家，收入水平相对较低。两个国家都把实施环境税作为环境监管的政策工具。在自由贸易情况下，发达的北方国家会收取较高的环境税，这会迫使污染企业转移到环境税较低的南方国家。随后的研究对科普兰德和泰勒（1994）的模型框架进行了更为深入而详尽的拓展（Copeland and Taylor，2004；Zeng and Zhao，2009；Ederington and Levinson，2005；Tang，2015），为污染避难所假说提供了有力的理论支持。

在实证研究方面，对于污染避难所假说是否成立存在较大争议（Levinson，1996；Jeppesen et al.，2002）。早期实证研究多采用截面数据、加总数据且通常研究的地理单元尺度都较大，模型估计方法单一，缺乏稳健性，在模型设定上很少考虑企业及产业的异质性问题，因此，这些研究的结果并不支持环境规制强度增大导致产业转移的推论。近年来，随着数据库的丰富和计量模型的发展，实证分析多采用面板数据和城市尺度或更小的县域尺度作为分析的地理单元，模型的估计方法及设定也更加全面。例如，摩根和康迪夫（Morgan and Condliffe，2009）以美国的县作为地理单元，利用 1996～2000 年美国新成立企业的面板数据，考察了美国各个县（county）之间在环境规制上的差异对企业选址

① 笔者根据历年《中国环境年鉴》的相关数据整理计算而得。

的影响。该文献研究结果表明，对空气质量方面的环境规制对于污染密集型行业的新企业成立产生显著的负影响，而对于其他非污染密集型行业的新企业的选址则不起作用。

目前，大多数关于污染避难所假说的实证研究，集中在发达国家之间的产业转移，或者是发达国家内部（如美国）污染企业的转移，较少关注发展中国家内部的环境规制政策对污染行业转移的影响。[①] 此外，既有研究往往采取间接的污染治理成本或污染物排放强度作为环境规制政策的代理变量，可能会导致回归分析的内生性问题（Féres and Reynaud，2012）。最后，环境规制体系中既包括正式环境规制工具，也包括非正式环境规制工具。既有文献多侧重于正式环境规制政策对产业区位的影响，而忽略环境规制中公众参与的重要作用。

过去十几年，中国的污染行业的空间分布发生了重大变化（Ruan and Zhang，2014；Zhu and Ruth，2015；Wu et al.，2017）。污染行业已经出现了空间扩散现象，开始从东部发达地区向中西部地区转移，东部地区的污染行业产值占比从 2004 年的 70.6% 降至 2013 年的 50.8%。[②] 本章重点考察了污染行业区位变化与各地区环境规制政策差异的关系。本章实证检验了多重环境规制政策工具对污染产业转移的影响，分析了中国环境治理体系的特点。在环境规制政策分为正式十全十美规制政策和非正式环境规制政策的基础上，利用中国的 30 个省（区市）2004 ~ 2013 年的面板数据，通过单变量 Probit（Univariate Probit）估计模型来检验环境规制政策和污染产业转移的关系。通过双变量 Probit（Bivariate Probit）估计模型来检验环境规制政策的影响是否在污染行业之间存在差异。此外，通过控制直接测量变量来表征环境规制政策，从而避免了潜在的内生性问题。

---

① 关于污染避难所假说的文献回顾，见本书第一章。

② 笔者根据历年《中国工业经济统计年鉴》的相关数据整理计算而得。

5.2　理论框架与理论假说

5.2.1　中国环境规制体系：多元治理工具和多重政策工具

中国的环境保护事业起步于 20 世纪 70 年代，中国的环境管理体系的建立和发展要滞后于经济发展（洪大用，2008）。在环境治理的初始阶段（1973 ~ 1993 年），环境管理体系中依然存在很多计划经济时代的特征（Mol and Carter，2006）。地方政府是污染治理的主要推动者，在以政府为中心的监管体系下，几乎所有的环境规制政策都是通过自上而下的方式来贯彻实施的（Shi and Zhang，2006）。地方环保机构基本上仍是一种非正式机构，在人事权、财权、事权方面都受制于地方政府，独立执行环境规制和污染治理的能力十分有限。在工业快速增长过程中，这种以政府为中心的环境治理体系的效果并不理想。

从“九五”时期（1996 ~ 2000 年）开始，为了提高环境规制政策的有效性，中央政府对环境治理体系进行了一系列改革。除了进一步加强环境立法和行政法规外，一些市场调控手段逐步在全国范围内（如排污费）或在试点地区（如污染物排放权交易）实施。与此同时，中国进入了环境群体性事件频发的阶段（Tong，2009）。随着互联网时代的到来，公民对环境问题的关注由网络迅速扩散传播，给当地政府和污染企业带来很大压力。公众参与环保活动在中国的环境治理中发挥的作用显著增强（Zheng et al.，2014）。

多元治理（multi-actor governance，MAG）理论强调正式的环境规制政策制定与公众参与者对环境规制政策的设计及执行（Bache and Flinders，2016）。在中国当前的环境规制体系中（见图 5 – 1）。多元参与者包括政府和公众，这两类参与者分别利用不同的环境规制工具对污染行业（污染企业）进行环境监管。环境规制政策按照参与主体，分为正式环境规制和非正式环境规制。

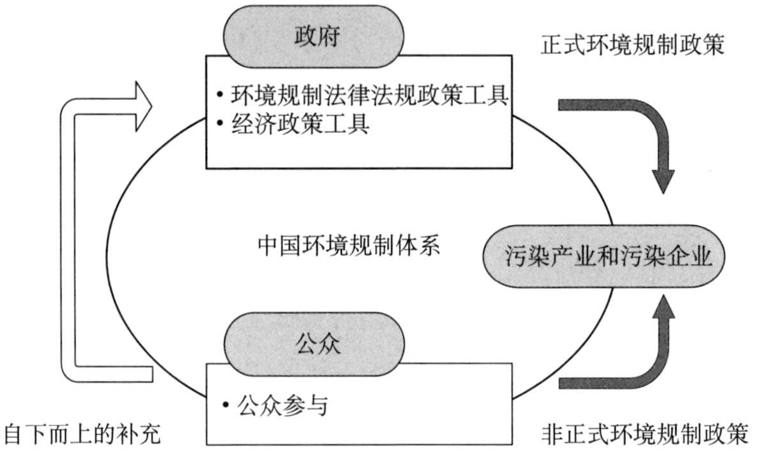

图 5－1　多元治理框架下的中国环境规制体系

资料来源：笔者根据多元治理理论整理绘制而得。

环保政策的实施会影响企业成本，从而影响企业的区位选择和产业转移。在 5.2.2 小节中，提出了一些关于环境规制政策和产业区位选择的假说。

5.2.2　环境规制法律法规与产业转移

中国的环境规制法律法规政策，主要包括为污染控制和环境保护而制定的一系列环境法律、法规和标准。1973 年，第一次全国环境保护会议通过的《关于保护和改善环境的若干规定（试行草案）》（1973 年 8 月），是中国第一个综合性环境保护法规。这次会议提出了中国的环境保护方针："全面规划，合理布局，综合利用，化害为利，依靠群众，大家动手，保护环境，造福人民。"① 这为中国后续环

① 中华人民共和国生态环境部网站，https：//www.mee.gov.cn/zjhb/lsj/lsj_zyhy/201807/t20180713_446637.shtml。

境保护立法奠定了基础。1979年，《中华人民共和国环境保护法》颁布，此后，中国环境立法的进程逐渐加快，法制体系逐步建立，法律制度日趋完善。

除了遵守国家环境规制法律法规，地方政府和地方环保机构在其管辖范围内可以设定并实施各种与环保相关的行政法规和行政标准。2010年，中华人民共和国环境保护部修订的《地方环境质量标准和污染物排放标准备案管理办法》中明确规定："对国家污染物排放标准中未规定的污染物项目，补充制定地方污染物排放标准；对国家污染物排放标准中已规定的污染物项目，制定严于国家污染物排放标准的地方污染物排放标准。"截至2013年，中国已经颁布了30多部关于环保方面的法律和1400多个工业环保标准，而地方政府已经制定和实施了300多项关于环境保护和污染治理的地方性法规。①

污染企业往往关注所在地的环境法规和环境标准。环境法规的执行效果，在很大程度上取决于地方环境法律体系的改善，有助于降低公司的经营风险。因此，污染企业更愿意选址在拥有完善的环境法律体系的地区。我们提出假说5-1。

假说5-1：污染产业区位与地区的环境法制监管政策相关。健全明晰的环境法律规制政策体系，有助于降低污染产业向其他地区转移的概率。

5.2.3　环境经济政策与产业转移

随着中国环境规制体系的完善，有关规范工业污染排放的经济政策陆续出台。排污费是中国最持久的环境经济政策工具，相关的概念框架在1979年《中华人民共和国环境保护法》中就已经提出。1982年，国务院颁布的《征收排污费暂行办法》，标志着中国排污费制度的正式建

① 笔者根据历年《中国环境年鉴》的相关数据整理计算而得。

立。排污费在实施过程中长期存在收费标准过低的问题，以至于对控制企业的减排收效甚微。

2003 年，中国实行了新的排污费政策，提高了排污费，同时，加大了对企业污染违法行为的处罚力度。特别是 2007 年环保目标责任制实施以来，一些省区市的主要领导都必须对其辖区内的环境污染问题负责，以上两方面的政策变化为排污费的实施提供了一定的制度保障。2013 年，全国范围内约 352316 家污染企业被征收总额达 204 亿元的排污费，比 2004 年增加了 117%。①

排污费征收对企业的污染治理成本产生了直接的影响。地区排污费政策执行力度越大，地区内企业的污染治理成本越高。从产业角度上看，污染排放量越大的产业，需要缴纳的排污费越多。因此，污染密集型产业受到的影响更大。考虑到不同地区排污费征收执行力度有所不同，污染产业的企业更愿意迁往排污费征收执行宽松的区域。因此，我们提出假说 5－2。

假说 5－2：环境经济政策的实施力度增加会促进污染产业转移，污染产业往往会转移到排污费执行力度宽松的地区。

5.2.4 公众参与和产业转移

在中国的环境规制体系中，公众参与环境规制的主要途径之一是向政府环境部门举报环境问题。20 世纪 90 年代以来，中国建立了环境信访制度来解决与环境相关的公共投诉。中华人民共和国环境保护部 2006 年发布的《环境信访办法》规定：“公民和组织有权在国家和地方层面向环保信访部门举报非法污染企业。”各级环境保护行政主管部门应当“认真倾听人民群众的建议、意见和要求，为信访人采用本办法规

① 笔者根据《中国环境年鉴 2014》相关数据整理计算而得。

定的形式反映情况，提出建议、意见或者投诉请求提供便利条件。”① 环境信访的形式包括书信、电子邮件、传真、电话、走访等，其中，书信是最普遍采用的形式。“十一五”时期（2006～2010年），各级环保信访部门累计收到约276.8万封投诉信件。②

尽管信访制度为公众参与提供了正式渠道，但与西方发达国家相比，中国公众参与环保的程度还处于较低水平（洪大用，2008）。一方面，体现在公众参与环保的驱动因素上，在大多数情况下公众只有在自身利益受到侵害的情况下，才会向环保部门投诉，公众参与环境规制的“邻避运动”（not in my backyard）特征十分明显（彭小兵和朱沁怡，2014）；另一方面，公众投诉最终还是需要政府部门进行解决。中国缺少相对独立于政府之外的第三方环保协调机构，如环保非政府组织（周军等，2008），协调和处理公众对环境问题的投诉。这在一定程度上影响了环境信访制度的执行效果。当地方环保机构未能解决公众和污染企业之间的冲突时，公众往往采取更为激进的措施，由此会导致环境群体性事件（周洋，2015；刘淑华，2015）。

相关研究表明，环境规制的公众参与对企业的经济绩效具有重要的影响（Féres and Reynaud，2012）。公众通过参与直接的投诉或间接的抗议，将会影响企业的区位选择。因此，企业倾向于搬迁到公众对环境关注程度较低的地区。因此，我们提出假说5－3。

假说5－3：污染企业对于居民对环境问题的举报和投诉十分敏感。一个地区公众参与环境规制的程度越高，该地区污染产业向外转移的可能性越大。

① 中华人民共和国生态环境部网站，https：www.mee.gov.cn/gkml/zj/jl/200910/t20091022_171839.htm。

② 笔者根据历年《中国环境年鉴》相关数据整理计算而得。

5.3 研究设计

5.3.1 污染产业转移的测算

产业转移，反映了产业区位的时空变化。

首先，从空间角度来看，用区位熵指数来衡量污染产业的地理集中程度。用 q_{ij} 来表示 j 区域 i 行业的产值，则 $q_j = \sum_i q_{ij}$ 是 j 区域所有行业的总产值；用 Q_i 表示 i 行业的全国总产值，则 $Q = \sum_i Q_i$ 表示所有行业的全国总产值。j 区域的区位熵指数 LQ_{ij}，如方程（5－1）所示。LQ_{ij} 指数越高，i 行业在 j 区域越集中。

$$LQ_{ij} = (q_{ij}/q_j)/(Q_i/Q) \tag{5-1}$$

其次，从时间角度来看，产业转移反映了一个行业地理集中度的变化，即 LQ_{ij} 指数在不同时期的变化。具体来说，对于给定的 r 时期和 s 时期，j 地区的产业转移指数 $IR_{ij,t,s}$ 如方程（5－2）所示。如果 $IR_{ij,r,s}$ 为正，那么，在 s 时期，行业 i 从其他地区转移到地区 j。反之，如果 $IR_{ij,r,s}$ 为负，则意味着，行业 i 从地区 j 向外转出。$IR_{ij,t,s}$ 的绝对值越大，产业转移程度越高。

$$IR_{ij,r,s} = (LQ_{ij,s} - LQ_{ij,r})/LQ_{ij,s} \tag{5-2}$$

在方程（5－2）中，在 LQ_{ij} 指数和 $IR_{ij,r,s}$ 指数的计算过程中，需要不同地区的工业总产值。为了测算污染行业的 LQ_{ij} 指数和 $IR_{ij,r,s}$ 指数，本章从 29 个制造业行业中选择了 8 个污染行业作为代表。[①] 2012 年，污染行业工业废水排放量占工业废水排放总量的 89.2%，工业废气排

---

① 一般来说，采矿业也产生了相当数量的污染物。然而，采矿业不是自由选址的产业。采矿业的区位选择由矿产资源地决定，而不是由区域属性和环境政策决定。因此，本章实证分析的数据集中，未包括采矿业的相关数据。

放量占工业废气排放总量的89.7%。另外，根据每个行业排放的主要污染物，进一步将污染行业分为两类：一是水污染密集型行业，包括农副食品加工业，纺织业，造纸和纸制品业，化学原料，化学制品制造业；二是大气污染密集型行业，包括石油加工、炼焦和核燃料加工业，非金属矿物制品业，黑色金属冶炼及压延加工业和有色金属冶炼及压延加工业。

表5－1分别报告了2004～2008年和2009～2013年各地区的区位熵指数和产业转移指数。从污染行业整体上看，全国平均水平的区位熵指数从2004～2008年的1.066小幅上升到2009～2013年的1.106，表明中国污染产业空间集聚的趋势在增强。2009～2013年，中部地区的区位熵指数（1.384）和西部地区的区位熵指数（1.046）显著高于东部沿海地区的区位熵指数（0.888）。因此，近年来，污染行业整体逐渐向中国中西部地区集聚。

表5－1　2004～2008年和2009～2013年各地区的区位熵指数和产业转移指数

地区	污染部门			水污染密集型行业			大气污染密集型行业		
	LQ_{04-08}	LQ_{09-13}	IR_{09-13}	LQ_{04-08}	LQ_{09-13}	IR_{09-13}	LQ_{04-08}	LQ_{09-13}	IR_{09-13}
东部	0.944	0.888	－0.059	1.027	0.949	－0.076	0.872	0.835	－0.042
中部	1.218	1.384	0.137	1.034	1.302	0.259	1.378	1.456	0.057
西部	1.035	1.046	0.010	0.779	0.821	0.054	1.254	1.241	－0.01
全国平均	1.066	1.106	—	0.946	1.024	—	1.168	1.177	—

资料来源：笔者根据LQ_{ij}指数和$IR_{ij,r,s}$指数整理计算而得。

在一定程度上看，产业集聚程度也反映出产业转移的态势。2009～2013年，东部沿海地区的污染部门产业转移度呈现正向变动，而中西部地区则相反。因此，污染部门经历了从东部地区向中西部地区的空间转移。从中西部地区承接产业转移的程度来看，中部地区的产业转移指数（0.137）大于西部地区的产业转移指数（0.010），这意味着，污染部门先向中部地区转移。与西部地区相比，中部地区拥有较低的运输成本和较好的产业基础。另外，自 2006 年“中部崛起”战略实施以来，中部地区政策支持力度较大。因此，中部地区成为污染行业转移的理想区域。

表 5－1 还报告了水污染密集型行业和大气污染密集型行业转移情况。从不同行业来看，水污染密集型行业和大气污染密集型行业整体上都呈现向中部地区集聚的特征趋势。特别是，2009～2013 年，东部地区和西部地区的大气污染密集型行业，都在向中部地区转移。

5.3.2 计量模型构建

我们先利用 Univariate Probit 模型，对各种环境规制政策工具的实施是否会影响污染产业转移进行估计和检验，Univariate Probit 模型设定如方程（5－3）所示：

$$y_{sector,j,t} = \alpha x_{j,t-1} + \beta z_{j,t} + \varepsilon_{sector} \tag{5-3}$$

在方程（5－3）中，因变量 $y_{sector,j,t}$ 表示 j 地区 t 年是否发生了产业转移，如果污染产业从 j 地区转移到其他地区，j 地区的污染产业转移指数 IR 为负，由此得到 $y_{sector,j,t} = 1$；否则，$y_{sector,j,t} = 0$。因变量包括各种环境规制政策工具 $x_{j,t-1}$ 以及其他影响污染产业转移的地区属性变量 $z_{j,t}$。将 $x_{j,t-1}$ 滞后一期，主要是基于两方面原因：一是与新企业选址不同，一个地区的污染企业向外迁移需要考虑各种因素，特别是在其他地区新建工厂的迁移成本，因此，环境政策的实施也许不能立即影响企业外迁，而采用滞后一期能够控制环境政策的滞后效应；二是产业区位和地方政府的环境规制，可能相互影响。比如，一个地区实施了宽松的环境规制，会吸引一部分污染行业的企业迁入，随后，当地的环境污染状况也会变差，环境问题反过来会倒逼地方政府提高环境治理力度，由此导致环境规制变量 $x_{j,t-1}$ 的内生性问题。对产业转移及不同年份环保政策的控制，有助于排除潜在的内生性问题。

此外，进一步检验了环境规制政策对不同污染产业转移的影响。鉴于污染产业通常比其他制造业对环境规制更加敏感，水污染密集型产业和大气污染密集型产业的转移受彼此影响较大。因此，本章利用 Bivariate Probit 模型来同时估计环境政策对水污染密集型产业和大气污染密集型产业转移的影响。Bivariate Probit 模型是 Univariate Probit 模型的扩展，具体设定如方程（5－4）、方程（5－5）所示。

$$y_{water,j,t} = \alpha x_{j,t-1} + \beta z_{j,t} + \varepsilon_{water} \tag{5-4}$$

$$y_{air,j,t} = \alpha x_{j,t-1} + \beta z_{j,t} + \varepsilon_{air} \tag{5-5}$$

方程（5－4）为水污染密集型产业的估计方程，方程（5－5）是大气污染密集型产业的估计方程。因变量 $y_{water,j,t}$ 和因变量 $y_{air,j,t}$ 的定义与方程（5－3）中 $y_{sector,j,t}$ 的定义相似。如果区域 j 的水污染密集型行业（或大气污染密集型行业）的污染产业转移指数 IR 在 t 年为负，令 $y_{water,j,t} = 1$（或 $y_{air,j,t} = 1$）；否则，令 $y_{water,j,t} = 0$（或 $y_{air,j,t} = 0$）。自变量 $x_{j,t-1}$ 和自变量 $z_{j,t}$ 与方程（5－3）中的定义相似。假设，方程（5－4）、方程（5－5）的误差项符合正态分布，二者之间的相关系数用 $\rho = Corr(\varepsilon_{water}, \varepsilon_{air})$ 表示，如果 ρ 显著，则两个污染行业的转移决策是相互关联的。否则，对于方程系统的估计，相当于单个方程分开估计的结果。

5.3.3 环境规制政策变量

环境规制政策实施的主要目标是控制本地的污染水平，显然，一个地区的环境规制政策越严格，各类环境规制政策实施力度越大，该地区各类污染物的排放规模越小。因此，可以使用地区污染物排放水平来间接地测度一个地区的环境规制程度。然而，从空间角度上看，地区污染物排放的减少，也可能是污染产业向外转移造成的。这意味着，污染排放和产业转移之间存在相互影响，因此，在研究环境规制的产业转移效应时，用污染水平来反映地区环境规制水平容易导致内生性问题。在这方面，费雷斯和雷诺德（Féres and Reynaud，2012）建议，使用直接反映地区环境规制水平的变量，以此避免估计偏差。在本章中，使用直接反映环境规制政策执行情况的变量。

第一，地方环境法规和规章条例的完善，是通过地方政府环境法规和环境规章条例推动的。我们用 Regulation 变量作为环境法规和环境规章条例的代理变量，该变量利用新颁布的环境法规和环境规章条例的总数来测算。

第二，环境经济政策由排污费的执行情况决定。我们用 Fee 变量来反映地区排污费制度的执行情况。一般来说，地区排污费制度执行越严格，收到的排污费越多。此外，较多的排污费也可能是当地污染产业规模大而导致的。我们通过计算每个企业支付的平均排污费，消除地区污染产业规模的影响。

第三，根据公众参与环境规制的途径和类型，本章用两个变量作为公众参与环境规制的代理变量。一个变量是投诉信（Letter），通过公众投诉环境污染信件的数量来表示。另外，缺乏环境问题群体事件的数据，用地区环境污染事件的数量来间接反映公众参与程度。在一般情况下，出现环境污染事件较多的地区往往会吸引较多媒体的关注，会增加公众对地方环境保护和污染治理的关注。因此，本章构造了另一个虚拟变量 incident 将地区分为两类：公众环境关注度高的地区（incident = 1）及其他地区（incident = 0）。如果某一年地区环境事故的数量超过全国平均水平，则被定义为当年公众环境关注度高的地区。

5.3.4 其他控制变量与数据来源

除了环境规制政策以外，还控制了三个对产业区位转移有影响的变量。

第一个控制变量与区域市场规模有关。现有研究发现，产业趋向于集中在市场规模较大的区域，也被称为本地市场效应（home market effect）。我们使用 Market 变量表示市场规模，本地人口占全国人口的比重越大，本地市场效应就越大。

第二个控制变量为劳动力成本（Wage），反映了劳动力成本对产业转移的影响。一方面，企业更愿意转移到工资水平低的地区，以降低劳动力成本；另一方面，低工资水平往往意味着人力资本积累较少，从而导致劳动生产率较低。此外，高工资意味着市场购买力较强。因此，工资水平对产业转移的影响是不确定的。如果企业从劳动力成本降低中的获益能够抵消人力资本和市场购买力的影响，那么，企业就会前往工资水平低的地区；反之，企业会向工资水平高的地区转移。

第三个控制变量为运输基础设施（Transport），反映了一个地区的交通状况。新经济地理学强调运输成本和产业区位选择间的倒“U”形关系（Puga，1999）。在一般情况下，运输成本下降会促使产业空间分布呈现先集中、后分散的状态。交通基础设施的改进，可以降低运输成本，并加强其他地区与本地区的联系（Zheng and Kuroda，2013）。参照既有研究，我们使用交通基础设施水平来表征运输成本，Transport 变量反映了交通基础设施的密度，我们用某一地区的公路和铁路的总长度除以地区面积来测算。根据运输成本对产业转移的非线性影响，Transport 变量的系数可以是正的或负的。

为了估计方程（5－3）、方程（5－4）和方程（5－5），我们构建了一个包括中国的 30 个省（区市）的面板数据集，研究时间段为 2004～2013 年。环境规制政策变量的数据，来源于《中国环境年鉴》；其他控制变量的数据，来源于《中国统计年鉴》。表 5－2 报告了变量的定义和描述性统计量。最后一列，显示了每个变量的预期符号。

表 5－2　　　　　　　　变量的定义和描述性统计量

变量	定义	均值	标准差	预期符号
因变量：				
污染产业转移（$y_{sector,j,t}$）	$y_{sector,j,t}=1$，如果 $IR_{sector,j,t}>0$；否则，为0	0.474	0.500	
水污染密集型行业转移（$y_{water,j,t}$）	$y_{water,j,t}=1$，如果 $IR_{water,j,t}>0$；否则，为0	0.463	0.499	
大气污染密集型行业转移（$y_{air,j,t}$）	$y_{air,j,t}=1$，如果 $IR_{air,j,t}>0$；否则，为0	0.478	0.500	
环境政策变量：				
环境法规和环境规章条例（Regulation）	每年新颁布的地区环境法规和环境规章条例	1.715	2.685	－
环境经济政策（Fee）	地区排污费总额/缴纳排污费的企业数	0.410	0.361	+
公众参与（直接）（Letter）	地区环境相关投诉信件	1.578	1.890	+
公众参与（间接）（Incident）	Incident = 1，如果地区环境事件数超过全国平均水平；否则，为0	0.281	0.451	+
其他控制变量：				
市场规模（Market）	地区人口在全国人口中所占比重	3.333	2.004	－
劳动力成本（Wage）	地区城镇职工平均工资/全国平均水平	1.596	1.484	+/－
运输基础设施（Transport）	地区公路线路和铁路线路总长度/地区面积	0.726	0.423	+/－

资料来源：笔者根据各变量定义和历年《中国环境年鉴》《中国统计年鉴》相关数据整理计算而得。

5.4　估计结果分析

5.4.1　污染部门的估计结果

表5－3报告了方程（5－3）的估计结果，我们来看地区属性对产

业转移的影响，如第（1）列所示，三个控制变量的系数都是显著的，Market 变量的符号为负，这与我们的预期一致，本地市场效应的存在降低了污染行业向外地转移的可能性。Wage 变量系数也为负，意味着污染产业对工人人力资本和市场需求的重要性高于劳动力成本。从这个意义上来说，只拥有简单廉价劳动力的地区吸引投资的能力并不强。相反，高工资水平意味着较高的劳动生产率和较大的市场需求，能够防止产业转移到其他地区。Transport 变量的系数为正，表明交通基础设施水平对产业转移具有积极的正向影响。这与余等（Yu et al.，2014）的研究一致，交通基础设施建设对2000~2010年中国产业空间分布具有分散作用。

表5-3　**Univariate Probit 模型的估计结果**

变量	因变量：$Y_{sector,j,t}$			
	(1)	(2)	(3)	(4)
Regulation		-0.135** (0.056)	-0.185*** (0.072)	-0.313** (0.147)
Fee		0.576*** (0.217)	0.892* (0.497)	0.247*** (0.084)
Letter		0.183*** (0.049)	0.327*** (0.106)	0.355*** (0.100)
Incident		0.170 (0.167)	-0.340 (0.309)	0.090 (0.076)
Market	-0.108** (0.053)	-0.134** (0.059)	-0.120** (0.059)	-0.225* (0.117)
Wage	-0.126** (0.052)	-0.173*** (0.062)	-0.218*** (0.067)	-0.217** (0.090)
Transport	0.736*** (0.256)	0.469* (0.268)	0.182 (0.284)	0.241** (0.118)
D_{period}			0.631*** (0.232)	
Incident × D_{period}			0.905** (0.432)	
样本量	270	270	270	270
Wald 检验	12.87***	38.35***	116.65***	51.33***

注：括号中报告的是稳健性标准误；***、** 和 * 分别表示在1%、5%和10%的水平上显著。

资料来源：笔者利用 Stata15.0 软件整理计算而得。

接下来，我们将环境规制变量引入回归方程。

假说5-1意味着，环境法规和环境规章条例的完善，对产业转移的影响为负。与预期相一致，Regulation的系数是负的，并在10%的水平上显著［见表5-3第（2）列］。因此，可以认为假说5-1成立。Regulation的OR值为0.873，[①] 意味着环境法规和环境规章条例每增加1个，污染产业转移的概率将降低12.7%。这一结果与现有文献的研究结论一致，地方环境法规和环境标准的颁布，并不会导致污染产业从本地转移到其他地区。一个地区环境法规体系的健全，有助于规范本地的环境执法行为。在有法可依、有标准可循的情况下，污染企业不必花费更多时间和精力维持与当地环保部门的关系。因此，地方环境法律体系的改善，有助于阻止本地污染产业外迁。

假说5-2认为，环境经济政策的实施与产业转移间存在正相关关系。在表5-3中，变量Fee的系数在1%的水平上显著为正，排污费征收执行力度的增强将提高污染产业外迁的概率。即在地区排污费征收力度存在差异的情况下，污染企业更愿意迁往排污费征收执行力度更低的地区。这为污染避难所假说的成立提供了证据支持。

假说5-3是关于公众参与环境规制对产业转移的影响。两个反映公众参与环境规制的变量的系数均符合预期，在表5-3中，只有Letter变量在1%的水平上显著为正。这一结果表明，一方面，公众通过环境信访制度参与环境规制并影响污染产业的转移；另一方面，环保抗议活动对产业转移的影响，在样本的全部时间段（2004~2013年）并不显著。中国环境治理体系的建立，是一个渐进的过程，公众对环境关注的程度近几年才逐渐提高。为了进一步估计公众对环境关注程度在不同时

① OR值是利用β的期望来计算的，这里，β是每个因变量的系数。当OR值大于1时，额外增加此变量1个单位，将增加因变量（OR-1）的概率；当OR值小于1时，额外增加此变量1个单位，将降低因变量（OR-1）的概率。

期的效果，本章引入时间哑变量 D_{period}①和 Incident 变量的交互项进行回归。如表5－3 的第（3）列所示，Incident × D_{period} 的系数为正，并在5%的水平上显著。这表明，公众对环境的关注程度对企业区位选择的影响在2009～2013 年才逐渐显现。上述结果证实了假说5－3，公众直接的环境信访投诉或者间接的环境关注，对地区产业外迁产生了重要的促进作用。

为了进一步比较不同政策以及其他控制变量对产业转移的影响，本章对数据进行了标准化处理。通过比较变量的标准化系数［见表5－4中的第（4）列］，我们发现，Letter 变量的标准化系数绝对值大于 Regulation 变量的标准化系数和 Fee 变量的标准化系数，这意味着，在上述三类环境规制政策工具中，反映公众参与的 Letter 变量对产业转移的影响最大，即公众参与对产业转移的影响要远高于法律法规和排污费。这一结果与已有的关于非正式环境规制影响的研究结果相一致（Zhang et al.，2008）。在中国这样的发展中国家，公众参与非正式环境规制发挥了更大作用。

5.4.2　不同污染行业的估计结果

为了考察环境规制政策对不同污染行业产业转移的影响，将方程（5－4）和方程（5－5）组成 Bivariate Probit 模型。表5－4 报告了 Bivariate Probit 模型估计结果，其中，第（1）列、第（3）列分别为单方程模型的估计结果，而第（2）列、第（4）列则为方程组模型的估计结果。

① $D_{period}=1$，表示2009～2013 年；$D_{period}=0$，表示2004～2008 年。

表 5 - 4　　Bivariate Probit 模型估计结果

变量	因变量：$Y_{water,j,t}$		因变量：$Y_{air,j,t}$	
	(1)	(2)	(3)	(4)
Regulation	-0.083 * (0.050)	-0.080 * (0.043)	-0.043 (0.032)	-0.040 (0.029)
Fee	0.417 *** (0.168)	0.431 * (0.261)	0.496 *** (0.175)	0.520 ** (0.270)
Letter	0.157 *** (0.042)	0.161 *** (0.051)	0.081 * (0.050)	0.079 * (0.048)
Incident	-0.087 (0.131)	-0.094 (0.187)	0.120 (0.168)	0.112 (0.182)
Market	-0.079 *** (0.032)	-0.079 * (0.046)	-0.018 (0.065)	-0.018 (0.046)
Wage	-0.041 (0.050)	-0.039 (0.055)	-0.103 ** (0.054)	-0.107 * (0.060)
Transport	0.400 *** (0.150)	0.387 * (0.212)	0.289 (0.290)	0.301 (0.215)
ρ		0.581 *** (0.109)		0.581 *** (0.109)
样本量	270	270	270	270
Wald 检验	28.81 ***	34.84 ***	26.52 ***	34.84 ***
Score 检验（p 值）		5.21 (0.815)		5.21 (0.815)

注：括号中报告的是稳健性标准误；*** 、** 和 * 分别表示在 1% 、5% 和 10% 的水平上显著。

资料来源：笔者利用 Stata15.0 软件整理计算而得。

从表 5 - 4 的估计结果可以看出，对水污染密集型产业来说，Regulation、Fee 以及 Letter 三个变量系数均显著，且与假说 5 - 1、假说 5 - 2、假说 5 - 3 相一致。而对于大气污染密集型产业来说，Regulation 变量系数为负且在两个模型中都不显著。这意味着，地方性环境法规和环境规章条例的实施，并不影响大气污染密集型产业转移。既有研究发现，环境规制政策的有效性与企业所有制密切相关（Wang et al.，2003；Wang and Jin，2007；Maung et al.，2016）。

表5－5　　　　　　　污染产业所有制结构（2013年）

资本类型	水污染密集型产业		大气污染密集型产业	
	资本额（10亿元）	比重（%）	资本额（10亿元）	比重（%）
外商资本	674.591	24.3	306.675	10.5
其他	1823.216	65.6	1940.541	66.7
产业合计	2780.676	—	2907.846	—

资料来源：笔者根据历年《中国工业经济统计年鉴》的相关数据整理计算而得。

根据估计结果，表5－4中的Bivariate Probit模型中相关系数ρ为正且在1%的水平上显著，这意味着，水污染密集型产业和大气污染密集型产业的转移存在相关关系，Wald检验的结果得到进一步确认，两大污染密集型产业的转移存在相互依存关系。此外，通过Score检验对两大误差项分布状况进行验证。根据估计结果，不能拒绝共同符合正态分布的假说。因此，Bivariate Probit模型的设定是正确的，估计结果也是稳健的。

5.5　小结与讨论

污染避难所假说认为，差异化的环境规制政策将导致污染产业在国家间转移。本章以中国为例，对发展中国家内部地区间的污染避难所假说进行了验证。利用中国的30个省（区市）2004～2013年的面板数据，实证检验了中国环境规制体系下，各种环境规制政策工具对国内污染产业转移的影响。

研究发现，排污费政策和公众参与环境规制推动了污染产业转移，对比之下，环境法律法规则产生了相反的影响。不同类型的环境规制政策，对不同污染产业的影响不同。本章模型的估计结果对各种模型设定及估计方法来说都是稳健的。这一结果表明，污染避难所假说的有效性和环境政策类型以及污染产业的特点相关联。综上所述，要充分发挥环境规制政策在产业合理布局方面的作用，既要考虑不同环境规制政策工具的产业转移效应，还要考虑污染产业的特点。

进入“十五”时期（2005～2010年）之后，中国污染制造业呈现出明显的从东部地区向中部地区转移的趋势。本章研究结果表明，东部地区与中西部地区之间的环境规制差异，是推动跨地区转移的主要原因。一方面，地区环境规制差异与地区经济发展密切相关，考虑到中国长期存在的地区间经济发展差异，地区间在环境规制水平上势必存在一定程度的差异。产业转移给转入地带来了显著的经济增长效应，同时，也导致这些地区污染排放量增加，为污染产业转入地的地方政府敲响了警钟。另一方面，对于承接污染产业转入的我国中西部地区的地方政府而言，应该提高环保意识，加强对转入污染产业的环境治理工作，特别要充分利用环境影响评价制度和“三同时”制度这类前端环境规制工具，鼓励并扶持污染企业采取绿色技术创新的途径提升企业竞争力，防止污染产业转移变成污染转移，避免本地成为污染产业规避环境规制的避难所。

第6章

环境治理、环境质量与劳动力市场空间均衡

6.1 引　　言

随着环保事业的发展，中国对环境保护和污染治理的重视程度持续提高，环境污染治理投资力度不断加强，投资总额稳步上升。

环境污染治理投资为城市污染治理提供了资金支持，对改善城市环境，提升城市居民生活质量具有重要的促进作用。对于居民而言，随着经济发展水平的不断提高，居民对生活环境的要求越来越高，城市环境质量已成为影响劳动力迁移的重要因素（肖挺，2016）。另外，随着环境治理投资力度的加强，城市环境基础设施建设稳步提高，为企业生产和污染治理提供了充足的公共产品，有利于降低企业减排成本，提高企业利润。在其他条件相同的情况下，企业更愿意选址在环境治理投资力度大的地区。这意味着，企业承担的环境治理成本更小。

环境污染治理投资缓解了城市的环境污染，提升了城市的环境质量，增加了城市对居民、企业的吸引力。无论是居民生活还是企业生产都需要一定的空间，在居民和企业空间集聚的过程中，城市土地的需求

迅速增加，土地供给有限，必然导致土地价格上涨，随之提升了当地的生活成本。

面对更高的生活成本，劳动力为何会继续选择向城市环境质量更好的地区迁移？根据罗贝克（Roback，1982）的城市空间均衡理论，劳动力空间流动实际上反映了环境质量在劳动力市场上对企业（需求方）和劳动力（供给方）的不同影响。一种可能是，劳动力面临的高生活成本由同一城市的企业所负担，由此便观察到环境质量对城市名义工资具有正向的溢价作用；另一种可能是，劳动力对城市环境质量带来的宜居性具有较高的偏好，宁愿放弃一部分货币形式的工资，此时，便观察到环境质量对城市名义工资具有负向的折价作用。

尽管罗贝克模型在发达国家的实证检验中取得了丰富成果，但是，在发展中国家的应用研究却相对较少（郑丹和 Kuroda，2017）。在本章研究中，在罗贝克的理论框架下，构建了一个同时反映企业选址和劳动力选址的空间均衡模型，揭示环境污染投资对劳动力市场的影响机制和传导路径。在实证分析部分，将 2007 年中国家庭收入调查（CHIP）的微观个人数据与个人所在地级市的城市特征数据相结合，实证检验了污染治理投资对居民工资收入的影响。

6.2 相关文献回顾

既有文献缺乏从环境治理视角分析其对于劳动力市场影响的研究，本节主要回顾了环境质量与劳动力流动的相关文献。城市环境质量与居民日常生活息息相关，在各种城市环境问题中，居民对城市空气质量的变动最为敏感，大量文献都聚焦于城市空气污染问题，研究空气质量对劳动力市场的影响。

首先，大部分文献都发现，空气污染对劳动力空间流动具有显著影响。

班扎夫和沃什（Banzhaf and Walsh，2008）利用美国加利福尼亚州1990～2000年的数据，构建了一个空间均衡模型来检验居民是否会为了更好的空气质量而跨区域移动。其研究结果表明，远离污染设施会使人口密度增长5%，而暴露在新的污染设施周边将会导致人口密度下降5%。近两年，一些文献开始关注中国空气污染与劳动力跨区域流动问题，大多证实了空气污染在劳动力迁移中起到重要作用（Chen et al.，2017；Qin and Zhu，2018；孙中伟和孙承琳，2018）。孙伟增等（2019）利用2011～2015年全国流动人口动态监测调查数据，通过估计条件logit模型实证检验了空气污染对流动人口就业选址的影响。其研究结果表明，空气污染导致的环境质量下降，对于流动人口的健康状况产生了显著的负向影响。空气污染会显著降低城市对劳动力的吸引力，城市PM2.5浓度每上升1$\mu g/m^3$，流动人口到该城市就业的概率就下降0.39%。利用来华留学生对中国国内高校和城市的选择，李明和张亦然（2019）考察了高人力资本人群流动与空气污染之间的关系，研究结果证实了国内空气污染的移民效应，空气污染严重的城市的高校吸引来华留学生数量较少。

其次，既有文献从不同角度对空气污染影响劳动力选址的传导路径进行了分析。

从宏观上看，人口迁移的推拉理论认为，人口地区间迁移是迁出地的“推力”与迁入地的“拉力”共同作用的结果（Bagne，1969）。空气污染降低了城市居民的福利水平，将环境移民从本地推到空气质量良好的地区。城市空气质量越好，劳动力迁出意愿越小，迁入意愿越大。秦炳涛和张玉（2019）以雾霾和工资作为核心变量，利用中国73个重点空气监测城市的数据，对空气质量视角下劳动力流动的影响机制进行了检验，证实了雾霾与劳动力流动之间呈倒“U”形的非线性关系，工资水平在一定程度上会削弱雾霾对劳动力流动的影响。

从微观上看，空气污染对居民个体的身体健康和心理感知造成了负面影响，进而影响了居民的迁移决策。随着空气污染的加重，居民，特别是劳动人口的健康水平会显著下降（Feng，2016；Chen et al.，2013）。心脑血管疾病、肺癌、呼吸系统疾病的发病率和死亡率，都与PM2.5的浓度密切相关（Boldo，2016；Pui，2014）。此外，雾霾还会对居民心理状态产生影响（罗红格，2017），长期暴露在空气污染环境中导致居民患抑郁症的风险增加（Lin et al.，2017）。身心健康的影响，刺激居民在雾霾频繁爆发时产生迁移的想法。洪大用等（2016）采用电话问卷调查方法，考察了雾霾对北京市居民迁移意愿的影响。60%以上的受访者都认为，雾霾对日常工作、身心健康产生了较大影响，24.7%的受访者明确表示空气污染导致有迁出北京市的打算，27.6%有子女的家庭明确表示，考虑让子女迁出北京市。

最后，通过对既有文献的回顾可以发现，随着中国城市化、工业化进程的加快，以空气污染为代表的城市环境问题逐渐凸显，引起了中国学者对相关领域问题的广泛关注。既有研究对环境质量对于劳动力市场的影响进行了探索，但仍存在一定不足。

一方面，从研究视角来看，既有研究中主要侧重于从劳动力市场的供给方出发，考虑环境质量对劳动力流动的影响，而忽略了对劳动力市场需求方的作用。企业作为劳动力的雇用者，同样会受到环境污染的影响。例如，随着空气污染的恶化，企业生产率会相应降低（李卫兵和张凯霞，2019）。另一方面，从政策评价视角来看，城市的污染排放与城市的环境规制政策密切相关（Kahn and Walsh，2015）。如果一个城市的政府更加关注环境治理问题，环保机构环境规制的执行力度大，污染治理投资充足，那么，这个城市的环境污染程度应该有所改善。既有研究往往关注环境污染程度而不是环境治理政策对劳动力市场的影响，缺乏对政府环境治理效果的直接评价。

6.3　理论框架：企业与劳动力的空间均衡模型

6.3.1　理论模型基本设定

参考罗贝克的做法，把城市污染治理引入空间均衡模型框架中，以此来分析城市污染治理投资水平对劳动力价格，即居民工资收入的影响机制。如图 6－1 所示，城市污染治理投资影响居民和企业的空间区位选择，居民和企业在城市间的流动将导致城市劳动力市场上供给和需求的变动；另外，污染治理投资还对城市土地需求产生影响，居民和企业的流动会对城市土地产生引致需求，由此推高了土地价格。最终劳动力市场的价格均衡由以上因素共同决定。

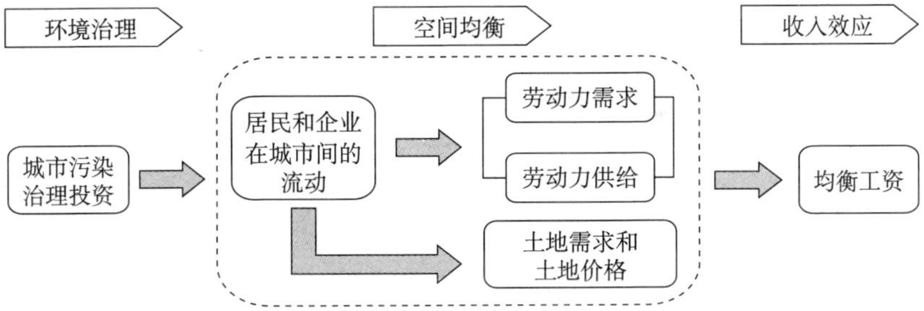

图 6－1　一个包含城市污染治理投资的空间均衡模型框架

资料来源：笔者根据罗贝克（Roback，1982）研究结论绘制而得。

在理论模型的基础设定中，假设一个国家有 J 个城市，每个城市的污染治理投资水平记为 s。在给定的城市中，城市居民具有相同的个人特征。一个代表性的居民同时消费一定量的复合型商品 X 和土地 l^c，其间接效用方程可表示为 V（w，r；s），其中，w 表示劳动力的名义工资收入，r 表示土地价格。企业生产复合型商品 X，其价格被设定为 1。在规模报酬不变的情况下，企业生产需要投入 N 单位的劳动力和 l^f 单位的土地。一个代表性企业的成本函数为 C（w，r；s）。

城市污染治理投资同时影响居民生活和企业生产。城市环境质量会随着污染治理投资力度的加大而得到改善，居民的效用随着污染治理投资水平上升而提高，因此，$V_s>0$。本章把这种现象称为污染治理投资的宜居性效应，这意味着，污染治理投资提高了居民的生活品质，使城市环境更加宜居。另外，污染治理投资促进了环保基础设施的发展，降低了企业减排成本，因此，$C_s<0$。本章把这种现象称为污染治理投资的生产性效应。这意味着，污染治理投资使城市更具有生产效率，为企业创造了良好的发展环境。

6.3.2 空间均衡条件

在不考虑企业、居民迁移成本的情况下，假设其可以在城市之间自由迁移，空间均衡的条件见方程（6-1）和方程（6-2）。

$$V(w,r;s)=\bar{u} \tag{6-1}$$

$$C(w,r;s)=1 \tag{6-2}$$

方程（6-1）和方程（6-2）表示，只有个人效用和企业成本在各个城市间无差异的情况下，企业和居民才会停止流动，从而实现空间均衡。在空间均衡条件下，每个城市代表性居民的间接效用都是相同的，记为 $\bar{u}$。与之类似，每个企业的单位成本也是相同的，均等于企业生产的复合型商品的价格。

将方程（6-1）和方程（6-2）两端同时对城市污染治理投资水平求导，整理后得到：

$$\frac{dr}{ds}=(V_sC_w-V_wC_s)/\Delta \tag{6-3}$$

$$\frac{dw}{ds}=(V_rC_s-V_sC_r)/\Delta \tag{6-4}$$

在方程（6-3）和方程（6-4）中，$\Delta=V_wC_r-V_rC_w$，$C_w=N/X$，$C_r=l^f/X$。

方程（6-3）反映了城市环境污染治理投资水平对土地价格的影

响。将 C_w、C_r 和 Δ 代入方程（6－3），可得到 $\frac{dr}{ds}>0$，说明土地价格会随着污染治理投资水平的提高而增长。污染治理投资增长有助于城市环境基础设施建设，对城市环境质量的改善有促进作用，增加了城市对企业、劳动力的吸引力。企业和劳动力的流入导致对城市土地需求增加，而城市土地不能无限供给，在土地需求大于供给的情况下，城市地价开始上涨，环境治理投资通过城市环境质量的提升而提高了地价。从另一个角度看，如果城市污染治理投资不足，城市环境质量持续恶化，如雾霾等环境问题的爆发，无疑降低了城市吸引力，会导致居民外迁以逃避空气污染。既有研究表明，环境污染问题已经成为影响发展中国家房价的重要负面因素。以印度为例，雾霾问题过于严重，导致2013～2016年新德里人口大量流失，房价下跌了21.70%（孔乃玉，2018）。类似情况在中国同样存在，陈新娟（2019）实证检验了2009～2017年中国62个城市的环境污染与房价的关系，研究结果表明，环境污染每增加10%，当地房价就会下降1.12%。

6.3.3　环境治理投资对工资收入的影响

方程（6－4）反映了污染治理投资水平对工资收入的影响。将 C_s、V_s 和 Δ 代入方程（6－4），仍无法确定 $\frac{dw}{ds}$ 的符号。因此，污染治理投资水平对工资收入的影响并不确定。其原因在于，伴随着污染治理投资水平的提高，企业和居民不断流入，这一方面，增加了城市劳动力市场上的供给（更多的劳动力）；另一方面，增加了劳动力市场上的需求（更多的企业）。工资最终的变动方向取决于企业和居民从环境污染治理投资中所获得的收益。也就是说，工资的变动是宜居性效应和生产性效应共同作用的结果。

表6－1给出了两种情景下环境治理投资对房价和工资的影响。

［**情景一**］在生产性效应占主导的城市中，环境治理投资给企业带

来的生产性效应大于给居民带来的宜居性效应，这意味着，环境治理投资对于企业更为重要。作为劳动力市场上的需求方，企业会为劳动力支付更高的工资，作为对更高房价的一种货币补偿，此时，$\frac{dw}{ds}>0$，工资水平会随污染治理投资的增长而上涨。

［**情景二**］在宜居性效应占主导的城市中，环境污染治理投资带来的宜居性效应更大，表明居民从环境污染治理投资中获得了更多效用提升，收益更多。环境治理投资显著提升了城市对居民的吸引力，导致劳动力市场上供给的变动大于需求的变动，由此导致均衡工资收入下降。此时，$\frac{dw}{ds}<0$，工资水平会随污染治理投资的增长而下降。这从侧面反映了居民对环境质量的强烈偏好，愿意为获得更高质量的环境而放弃部分名义工资。

表 6－1　　两种情景下环境治理投资对房价和工资的影响

环境治理投资的影响	情景一	情景二
	生产性城市 生产性效应 > 宜居性效应	宜居性城市 生产性效应 < 宜居性效应
环境治理投资对房价的影响	$\frac{dr}{ds}>0$	$\frac{dr}{ds}>0$
环境治理投资对工资的影响	$\frac{dw}{ds}>0$	$\frac{dw}{ds}<0$

资料来源：笔者根据方程（6－3）和方程（6－4）的结果推导而得。

6.4　环境治理投资对工资的影响检验

6.4.1　计量模型设定与数据处理

为了检验城市污染治理投资的工资效应，将居民所在城市的污染治理投资水平引入传统的明塞尔（Mincer）收入方程作为基本模型：

$$\ln W_{ij,t} = \beta_0 + \beta_1 S_{j,t-1} + \beta_2 Z_{ij,t} + \beta_3 X_{j,t+} \mu_{ij,t} \qquad (6-5)$$

在方程（6-5）中，被解释变量 $\ln W_{ij,t}$ 是 j 城市 i 居民的个人小时工资收入的自然对数。方程（6-5）中的核心解释变量是城市污染治理水平的变量 S_j，用城市污染治理投资占工业总产值的比重反映城市环境污染治理水平。城市对环境污染越重视，城市污染治理投资在工业总产值中所占的比重越大。我们采用滞后一期的环境污染治理投资，以此避免污染治理和居民工资收入相互影响导致的内生性问题。图 6-2 刻画了城市居民平均工资水平和城市污染治理水平的关系。初步可以看出，除了洛阳市和蚌埠市两座城市外，环境污染治理与工资水平呈现出一种比较明显的负向关系。在接下来的实证分析中，将对这种负相关进行深入分析和检验。

方程（6-5）中还包括其他两类解释变量：一是居民个人特征变量 $Z_{ij,t}$，如教育水平、户籍、能力、工作经验、从事工作的属性等；二是城市控制变量 $X_{j,t}$，如城市基础设施、生活成本、人口规模、自然气候特征等；$\mu_{ij,t}$ 是随机扰动项。

实证分析主要采用微观尺度上的居民数据和宏观尺度上的城市数据。其中，微观尺度上的居民数据来自 2007 年中国家庭收入调查（CHIP），该数据由中国社会科学院经济研究所与国家统计局合作完成，由北京师范大学中国收入分配研究院提供。CHIP-2007 调查涵盖上海市、南京市、无锡市、杭州市、宁波市、合肥市、蚌埠市、郑州市、洛阳市、安阳市、武汉市、广州市、深圳市、东莞市、重庆市、成都市、绵阳市、乐山市 18 个城市。CHIP 数据提供了城市常住居民户在个人收入、教育水平、工作就业等方面的丰富信息。本章选取 CHIP 数据主要出于两方面考虑。一是 CHIP 数据随机来自国家统计局调查的更大样本，具有全国代表性（刑春冰，2010），确保实证分析的结果能够正确反映城市污染治理投资对居民工资收入的影响。二是在CHIP数据中提供了详细的居民个人年（月）收入以及工作小时、工作月数和工作天数的数据，由此我们可以较为准确地估算居民的小时工资。这对估计明塞尔（Mincer）工资收入方程十分重要，能够有效地避免使用个人年（月）收入所导致的测度误差（刘泽云，2009）。

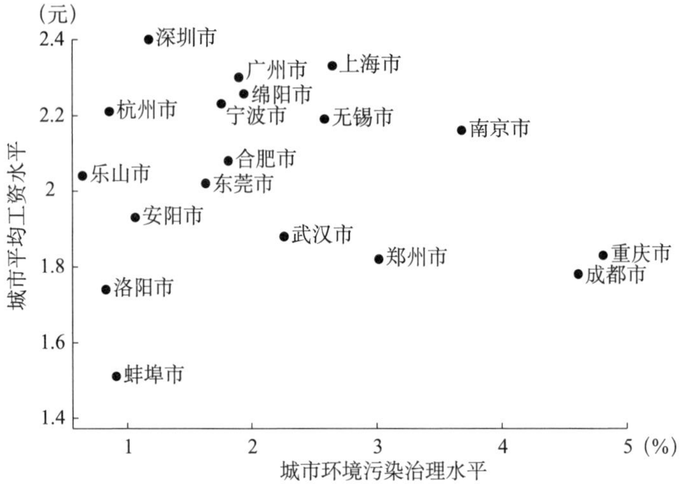

图6-2　城市环境污染治理与个人工资

注：纵轴是城市平均工资水平，以每个城市居民平均工资水平的对数值表示，单位为元；横轴是城市环境污染治理水平，以城市环境污染治理投资占工业总产值的比重表示，单位为%。

资料来源：笔者根据2007年中国家庭收入调查数据（CHIP）和《中国城市统计年鉴》中相关的城市污染治理投资数据计算而得。

地区尺度上的城市数据，主要来自《中国城市统计年鉴》《中国城市建设统计年鉴》《城市区域经济统计年鉴》，提供了各城市人口、经济发展和基础设施建设等方面的数据。

在CHIP调查中，既包括户籍人口的城市住户调查，也包括非户籍人口的城市农民工调查。在每个调查中，都给出了居民所在地的城市六位代码。我们分三步对数据进行了处理。第一步，将城市住户和农民工按照其城市代码合并，由此获得了每一个城市的常住人口数据集；第二步，根据研究目的，进一步对城市常住人口数据集进行了处理，将居民的年龄范围限定在16～60周岁，将居民在参与调查时的身份限定为工作或就业，对于没有报告关键变量指标或者错误报告关键变量指标（如收入、教育水平、职业）的居民样本进行了删除；第三步，根据城市代码，将常住人口数据集与地区尺度上的城市数据匹配，剔除数据缺失或者无法对应代码的城市和地区。2007年的样本，包括来自18座城市的11425位城市常住居民。

6.4.2　其他变量控制

第一，个人特征变量。

本章主要关注城市居民在教育水平上的异质性，居民受教育水平变量（Education）由居民接受各种类型教育的年份总数度量，也是传统工资收入方程中最重要的个人特征解释变量。相关文献均指出，遗漏个人能力变量将会导致对教育回报率的估计产生偏误，一个合理的解决办法是寻找能够衡量能力的代理变量（Blackburn and Neumark，1992）。根据CHIP调查问卷的实际情况，选取居民在取得最高学历时在班上的学习成绩情况，构建虚拟变量（Ability）来反映居民的个人能力。此外，还控制了其他个人特征，主要包括居民的户籍（Hukou）、性别（Gender）、工作经验（Experience）及其平方项（$Experience^2$）、工作合同性质（Contract）和从事的行业（Sector）。

第二，城市特征控制变量。

城市基础设施水平对居民生活的基本保障，在城市居民空间流动中起到了重要的作用（Chen and Rosenthal，2008，夏怡然和陆铭，2015）。既有文献往往将各种基础设施同时引入回归分析（Blomquist et al.，1988），这样做的缺陷在于，基础设施类型众多，往往难以将全部基础设施都包括进来（Gabriel and Rosenthal，1999），各个基础设施变量之间往往高度相关，又可能导致多重共线性问题（Roback，1982）。本章利用因子分析方法，构建一个综合指数来反映城市基础设施的整体水平。[①] 城市基础设施指数变量（infrastructure）是一个正向指标，数值越大，表明城市基础设施水平越高。此外，本章还控制了城市人口规模（Population）、城市生活成本（Cost）、城市自然气候（Climate_index）。

表 6－2 报告了方程（6－5）中各个变量的基本情况与描述性统计量。

表 6－2　　方程（6－5）中各个变量的基本情况与描述性统计量

变量	变量名	定义	均值	标准差
$S_{j,t-1}$	Pollution_control	城市环境污染治理投资总额/工业总产值	0.024	0.012
$Z_{ij,t}$	Education	受教育年份	10.919	3.109
	Hukou	Hukou =1，城市户籍居民；否则，为0	0.573	0.495
	Ability	Ability =1，在班上学习成绩比较好或者很好；否则，为0	0.422	0.494
	Gender	Gender =1，男性；Gender =0，女性	0.581	0.493
	Experience	年龄－受教育年份－6	1.852	1.151
	$Experience^2$	（年龄－受教育年份－6）的平方	4.756	4.791
	Contract	Contract =1，工作是固定工或者签订了长期合同；否则，为0	0.744	0.436
	Sector	Sector =1，从事的工作部门属于第三产业；否则，为0	0.488	0.500
$X_{j,t}$	Infrastructure	城市基础设施水平综合指数	0.215	0.658
	Cost	城市商品房销售额/城市商品房销售面积	4.885	1.888
	Population	城市户籍人口总数	0.905	0.773
	Climate_index	$\sqrt{(summer_j - min)^2 + (winter_j - max)^2}$，其中，$summer_j$和$winter_j$分别表示城市夏季的平均温度和冬季的平均温度，min 和 max 分别表示所有城市样本中夏季温度最低值和冬季温度最高值	11.707	3.482

资料来源：笔者根据 2007 年中国家庭收入调查（CHIP）、《中国城市统计年鉴》《中国城市建设统计年鉴》《城市区域经济统计年鉴》的相关数据及相关变量的定义计算而得。

① 指标体系中包括的指标，反映了城市文化娱乐、交通出行、医疗、教育、生活基础设施建设的情况，具体指标如下，剧场（院）个数，每百人公共图书馆藏书，道路铺装面积，年末公共营运汽车数量，人均医院数，人均医院床位数，中小学教师总数，中小学学校总数，生活污水处理率，生活垃圾无害化处理率。

6.5 结果分析

6.5.1 基准模型结果

表6－3报告了方程（6－5）基准模型的估计结果。在表6－3的模型（1）中，先报告了居民个人特征对工资收入的影响。根据估计结果，在控制了居民个人能力水平之后，教育的回报率为6.5%。在相同的城市中，城市户籍居民收入要高于农民工收入，与现有研究一致，户籍制度限制了农民工在城市中的就业机会（钟若愚和屈沙，2019），降低了农民工的工资收入。其他个人特征因素对工资的影响，与既有文献结论类似。具体而言，男性的工资水平要高于女性；居民的工资收入，随着工作经验的增长先提高、后下降；与工作单位签订固定合同的居民，工资收入更高；工资收入与居民从事的行业部门相关，在第三产业中工作的居民的工资水平，比在其他产业部门中工作的居民高。

表6－3　　方程（6－5）基准模型的估计结果

变量	模型（1）	模型（2）	模型（3）
Pollution_ control	—	−2.701*** （0.601）	−0.048*** （0.601）
Education	0.065*** （0.002）	0.066*** （0.002）	0.295*** （0.002）
Hukou	0.285*** （0.014）	0.334*** （0.013）	0.237*** （0.013）
Ability	0.120*** （0.012）	0.111*** （0.011）	0.078*** （0.011）
Gender	0.182*** （0.011）	0.183*** （0.01）	0.129*** （0.01）

续表

变量	模型（1）	模型（2）	模型（3）
Experience	0.233*** (0.018)	0.244*** (0.017)	0.403*** (0.017)
$Experience^2$	-0.047*** (0.004)	-0.049*** (0.004)	-0.336*** (0.004)
Contract	0.263*** (0.013)	0.220*** (0.012)	0.137*** (0.012)
Sector	-0.074*** (0.011)	-0.066*** (0.01)	-0.047*** (0.01)
Infrastructure	0.671*** (0.033)	0.071*** (0.009)	0.067*** (0.009)
Cost	—	0.078*** (0.003)	0.211*** (0.003)
Population	—	-0.039*** (0.009)	-0.043*** (0.009)
Climate_index	—	-0.017*** (0.001)	-0.085*** (0.001)
常数项	有	有	有
R^2	0.304	0.392	0.392
样本数	11425	11425	11425

注：*** 表示在1%的水平上显著，括号中报告的是稳健标准误；“—”表示无数据。
资料来源：笔者利用Stata15.0软件整理计算而得。

表6-3中的模型（2）引入了城市污染治理变量和其他城市特征变量，Pollution_control变量的系数为负且在1%的水平上显著。这表明，城市污染治理投资水平对居民工资收入的影响为负。根据理论模型部分的讨论，符合表6-1中所分析的情景二，即随着环境污染治理投资水平的提高，给居民带来的宜居性效应要大于给企业带来的生产性效应，居民从环境治理投资中获得了更大的效用提升。居民愿意为良好的环境

质量而放弃一部分货币工资收入，由此导致环境治理投资的收入效应为负。

类似地，城市气候变量 Climate_ index 的系数也显著为负。这与既有研究结论相符，良好的气候环境增加了城市的自然宜居性，从而提升了城市对流动人口的吸引力。尽管自然宜居性会导致当地的房价上涨，居民仍然愿意为享受宜居性而承担更高的房价，并放弃一部分货币收入。

相比之下，城市基础设施变量 Infrastructure 的系数为正且在1%的水平上显著，因此，城市基础设施水平的提高带动了居民工资收入的上涨。郑丹和黑田（郑丹 and Kuroda，2017）指出，城市基础设施的工资溢价作用与中国城市流动人口奔向北上广大城市的现象相符。一方面，居民可以享受大城市良好的基础设施；另一方面，居民还可以在大城市获得更高的名义工资。高工资增加了大城市的吸引力，推动劳动力不断向大城市集聚。

城市规模变量和生活成本变量的系数均显著且符合预期。Cost 变量的系数为正，与名义工资随生活成本上升的事实相符。Population 变量的系数为负，与陈旭和陶小马（2013）的理论研究结论相符，劳动力实际工资水平与城市规模之间存在倒“U”形关系。随着人口规模和产业规模不断扩大及城市集聚经济水平的提高，居民可以从集聚经济中获益，从而劳动力实际工资随城市规模上涨；但大城市存在拥挤效应，当拥挤效应超过产业的外部规模经济效应时，城市实际工资率便会下降。

表6-3的模型（3）报告了标准化系数的估计结果，由此可以比较各个变量对工资收入影响的大小。通过比较各个变量的标准化系数不难看出，变量 Experience（0.403）的系数最大，变量 Education（0.295）的系数次之，因此，工作经验和教育经历仍然是影响居民个人收入水平的最显著因素。在控制了其他城市特征之后，变量 Pollution_ control 的标准

化系数为 -0.048。这说明，城市污染治理水平每提高一个标准单位，将导致城市居民工资收入水平下降 4.8%。从经济显著性上看，城市污染治理对工资的影响，要明显小于工作经验和教育经历对工资的影响。但是，引入城市污染治理变量和其他城市尺度的特征变量之后，模型的 R^2 从 0.304 提高到 0.392，模型的解释能力得到了提高。因此，城市尺度上污染治理的力度加强，仍然会对微观层面上居民的工资收入产生显著影响。这间接支持了加布里艾尔和罗森塔尔（Gabriel and Rosenthal，1999）的观点，但遗漏地理特征将导致对居民收入的估计产生偏误。

6.5.2 劳动力教育异质性的影响

理论模型中假设城市居民是同质的，意味着居民在个人特征方面没有差异。但在现实中，劳动力在教育背景、迁移能力等方面存在很大差异。劳动力的异质性将导致他们对城市环境宜居性产生不同的偏好（Tu et al.，2016），有些居民可能会获得更大的宜居性效应，而有些居民的宜居性效应则相对较小，甚至为零（Schaeffer and Dissart，2018），由此导致居民在空间流动上产生显著差异。本节的研究放松了理论模型关于劳动力同质性的假设，进一步检验了不同劳动力样本下环境污染治理对居民工资收入的影响。

以居民受教育水平为例，考察了教育异质性的影响。参照杜两省和彭竞（2010）的做法，根据居民的受教育年份将居民划分为两个样本：高学历居民样本，包括受教育年限为 15 年及以上的居民，相当于拥有大专及大学本科以上的学历；其他居民则被划分到低学历居民样本中，样本中居民的最终学历相当于高中及高中以下。表6－4 的第（1）列和第（2）列，分别报告了高学历样本的估计结果和低学历样本的估计结果。与总样本的估计结果相似，两类样本中 Pollution_control 变量的系数均为负且在 1% 的水平上显著，说明无论是高学历样本还是低学历样本，环境污染治理都产生了负向的工资效应。随着环境治理水平的提高，在两类样本中，居民的工资都有所下降。但是，Pollution_ control 变量的系数在高学历样本（-7.373）和低学历样本（-1.719）中存在显著差异。当城市污染治理水平在工业总产值中的比重每增加1%时，高学历样本中居民的名义工资水平下降的幅度，要远大于低学历样本中居民的名义工资水平下降的幅度。

表6-4　　高学历样本的估计结果和低学历样本的估计结果

变量	(1) 高学历样本	(2) 低学历样本
Pollution_ control	-7.373*** (1.673)	-1.719*** (0.635)
Education	0.031*** (0.009)	0.058*** (0.003)
Hukou	0.363*** (0.043)	0.338*** (0.014)
Ability	0.170*** (0.032)	0.094*** (0.012)
Gender	0.158*** (0.028)	0.183*** (0.011)
Experience	0.405*** (0.048)	0.205*** (0.018)
$Experience^2$	-0.081*** (0.013)	-0.041*** (0.004)
Contract	0.345*** (0.045)	0.207*** (0.012)
Sector	0.024 (0.028)	-0.090*** (0.011)
Infrastructure	0.141*** (0.025)	0.059*** (0.01)

续表

变量	(1) 高学历样本	(2) 低学历样本
Cost	0.079 *** (0.008)	0.078 *** (0.003)
Population	-0.011 (0.025)	-0.046 *** (0.009)
Climate_ index	-0.023 *** (0.003)	-0.016 *** (0.001)
常数项	有	有
R^2	0.280	0.336
样本数	1945	9480

注：*** 表示在1%的水平上显著，括号中报告的是稳健标准误。

资料来源：笔者利用 Stata15.0 软件计算整理而得。

既有研究发现，居民对环境质量的关注程度与居民受教育水平相关，受教育水平越高，居民的环保意识越强（Wheeler and Pargal, 1999；原毅军和谢荣辉，2014）。高学历人群对于环境污染带来的健康损害有更准确的判断和认知，因此，高学历居民的流动更容易受到环境质量相关因素的影响（Chen et al.，2017；孙伟增等，2019）。与上述研究的结论类似，表6－4中的研究结果表明，与低学历人群相比，高学历人群对环境质量的偏好更高，更看重从环境质量中获得的宜居性效应。尽管总体上两类人群都愿意为更好的环境质量降低或放弃一部分名义收入，但在控制了居民教育异质性后发现，高学历人群愿意放弃的名义收入更多。

6.5.3 劳动力户籍的影响

接下来，考察了户籍异质性对污染治理投资工资效应的影响。CHIP 数据中的非户籍人口为城市农民工，根据 Hukou 变量，我们将总体样本分为两类：一类是城市户籍人口样本，Hukou =1；另一类是城市农民工样本，Hukou =0。表6－5的第（1）列报告了城市户籍人口样本的估计结果，第（2）列报告了城市农民工样本的估计结果。城市户籍人口样本的估计结果与总样本类似，环境治理水平提高的工资收入效应为负，城市户籍人口会放弃部分名义工资收入来享受更好的环境质量。

另外，城市农民工样本的估计结果与总样本相反。在城市农民工样本中，Pollution_control 变量的系数为正且在1%的水平上显著，城市污染治理水平每提高1个单位，城市农民工的工资收入相应上涨15.2%。城市农民工样本的估计结果与表6－1中总结的情景一相符。对于城市农民工而言，城市环境质量改善导致的生活成本提高由城市中的企业负担，农民工从企业获得了工资补偿，由此导致工资收入的提高。这一结果从侧面反映了城市农民工对城市环境质量的偏好要低于户籍人口，在样本考察的阶段（2007年），环境质量还不是农民工跨区域流动的主要因素。这一结果与孙伟增等（2019）的研究结果相似，即非农业户口的流动人口的选址决策，受到空气质量的影响程度要高于农业户口群体。

表6－5　城市户籍人口样本的估计结果和城市农民工样本的估计结果

变量	(1) 城市户籍人口样本	(2) 城市农民工样本
Pollution_control	−5.733*** (0.891)	0.152*** (0.727)
Education	0.071*** (0.003)	0.054*** (0.003)
Ability	0.146*** (0.016)	0.041*** (0.015)
Gender	0.228*** (0.015)	0.111*** (0.012)
Experience	0.243*** (0.026)	0.305*** (0.023)
$Experience^2$	−0.043*** (0.006)	−0.075*** (0.006)
Contract	0.327*** (0.021)	0.136*** (0.013)
Sector	−0.029* (0.015)	−0.139*** (0.013)

续表

变量	(1) 城市户籍人口样本	(2) 城市农民工样本
Infrastructure	0.101*** (0.014)	0.035*** (0.013)
Cost	0.073*** (0.004)	0.083*** (0.004)
Population	-0.044*** (0.013)	-0.036*** (0.011)
Climate_index	-0.031*** (0.002)	-0.006*** (0.001)
常数项	有	有
R^2	0.310	0.278
样本数	6551	4874

注：*** 和 * 分别表示在 1% 和 10% 的水平上显著，括号中报告的是稳健标准误。
资料来源：笔者利用 Stata15.0 软件整理计算而得。

6.6 小结与讨论

城市污染治理水平提高，改善了城市的人居环境，降低了企业的减排成本，提升了城市对企业和人口的吸引力。企业和人口的集聚改变了城市劳动力市场的供给和需求，由此导致均衡工资的变动。在理论分析部分，我们以罗贝克的理论模型为基础（Roback，1982），构建了包括企业空间流动和劳动力空间流动的均衡模型，揭示了城市环境治理投资影响劳动力市场均衡价格的机制，分析了不同情景下环境治理水平的工资收入效应。在实证分析部分，我们将 2007 年中国家庭收入调查（CHIP）的微观个人数据与个人所在地级市的城市特征数据相结合，对环境治理水平的工资收入效应进行了实证检验。

研究结果表明，在控制了居民个人特征、居民所在地的生活成本之后，城市污染治理对城市居民工资收入产生负向的影响。居民愿意为获得更好的环境质量而接受更低的名义工资水平。名义工资随着环境治理的加强而降低。此外，污染治理投资的收入效应还受到居民异质性的影响。居民教育水平越高，愿意放弃的名义工资收入就越高。对于城市政府而言，意味着环境治理在劳动力流动中起到了十分重要的作用，通过加强城市环境治理，促进环境质量提升，将有助于提高城市对劳动力特别是高学历人才的吸引力，对促进城市人力资本积累和高质量增长具有重要的意义。

本章研究也存在一定局限。本章使用的数据，来自 2007 年的截面数据，相对比较陈旧。在过去的十几年中，随着城市化进程不断加快，城市居民环境意识和城市政府对环境问题的重视都在不断加强，因此，环境治理对劳动力的吸引作用及对工资的影响，可能会呈现逐渐增强的趋势。此外，地方政府环境治理的手段和途径应该更加丰富，而本章只考虑了地方政府环境治理投资一项指标。因此，利用更新的微观数据库，构建更合理的指标反映城市环境治理水平，将是后续研究中着力重点解决的问题。

第7章

城市便利性与城市集聚增长

7.1 引　　言

城市便利性理论（local amenities theory）是城市经济学的一个重要研究领域，由美国地理学家厄尔曼（Ullman）于1954年提出并建立。便利性通常是指，令人愉悦的生活条件（Ullman，1954），例如，舒适的气候、良好的居住环境、便利的生活基础设施。在城市便利性理论框架下，便利性对于区域发展具有重要的促进作用（Goetz and Rupasingha，2009；Brown et al.，2013）。特别地，城市便利性对人口流动和企业空间选址，都具有重要的吸引作用（Clark et al.，2002；Hong，2011）。对流动人口而言，环境卫生、医疗、教育、文化娱乐等基础设施的完善，有助于提高城市居民的生活品质，人口更倾向于选择在便利性水平高的城市居住（Chen and Rosenthal，2008）。对企业而言，人口的集聚创造了更大的市场和劳动力供给池，为企业发展创造了良好的外部环境，企业往往更倾向于选择人口规模大、增长快的城市。由此，人口的集聚进一步带动了产业的空间集聚，推动了城市的集聚发展。

对企业和人才具有的独特吸引力使便利性问题在城市发展中的作用

越来越受到重视，相关研究已成为城市经济学和环境经济学等相关领域的重要发展方向。早期的城市便利性理论，主要关注地区自然便利性，气候条件一直被看作是影响美国农业人口增长的重要因素（Deller et al.，2001）。随后的研究则对便利性的内涵和影响范围进行了扩展，基础设施和公共服务及其对企业区位选择的影响也被纳入研究范畴。例如，戈特利布（Gottlieb，1995）利用美国新泽西州部分城市的数据，实证检验了面向劳动力的居住便利性在企业区位选择中的作用。其研究结果表明，便利性不但会吸引劳动力，同时，也会对相应的企业区位选择产生影响。佛罗里达（Florida，2002，2005）从创意阶层人群对城市便利性的偏好出发，指出便利性通过吸引高技术人才集聚促进高新技术企业集聚，为高新技术产业集群的出现提供了一种理论解释。

目前，关于中国城市便利性与城市增长的研究较少（吴文钰，2010），部分文献考察了城市便利性对人口迁移的影响（段楠，2012；夏怡然和陆铭，2015；项本武和杨晓北，2017），证实了城市便利性已成为居民选择城市居住的主要因素（郑思齐，2011；踪家峰和李宁，2015），城市便利性具有促进城市人口集聚的作用。但对城市便利性如何影响人口集聚，进而促进产业集聚的作用机制还缺乏进一步分析。

与既有文献相比，本章研究的创新和贡献主要体现在三个方面。第一，在城市便利性理论的框架下，构建了“城市便利性—城市集聚”的概念模型，阐明了城市便利性影响城市集聚的作用机制和传导路径，城市便利性具有直接的人口集聚效应，还会通过促进人口集聚间接地吸引更多产业，产业集聚反过来吸引人口集聚，进一步强化了城市便利性的城市集聚效应。第二，通过构建联立方程模型，本章采用三阶段最小二乘法（3SLS）对城市便利性的人口集聚效应和产业集聚效应进行了实证检验。人口集聚与产业集聚相互影响，具有内生关系，联立方程模型的设定可以解决内生性问题，准确地估计城市便利性对城市集聚的直接影响和间接影响。第三，考虑了土地财政背景下，城市便利性对人口集聚和产业集聚的影响。土地是城市发展的基本条件和保障，土地财政对城市土地开发、利用具有重要的作用。本章实证检验了地方政府对土地财政的依赖，是否会对城市便利性的人口集聚效应和产业集聚效应产生影响。

7.2 分析框架与假说

在城市便利性的理论框架下，本章构建了“城市便利性—城市集聚”的概念模型，分析城市便利性对城市集聚发展的影响机制和传导路径，见图7－1。

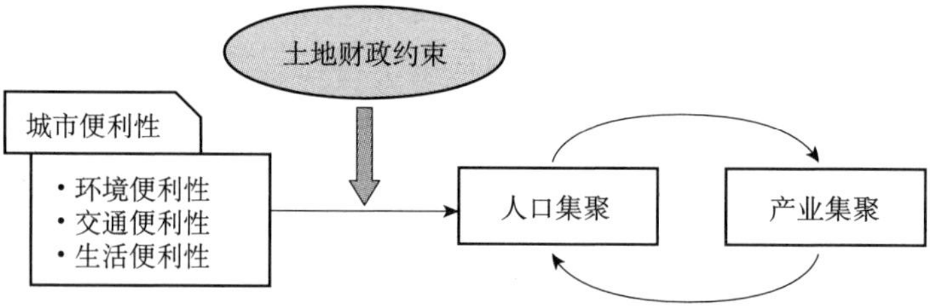

图7－1　城市便利性与城市集聚：一个概念模型

资料来源：笔者根据城市便利性理论绘制而得。

7.2.1 城市便利性、人口集聚与产业集聚

便利性可以改善本地居民的生活品质，提高城市居民的效用水平（冯云廷，2008）。随着经济发展和社会进步，城市便利性在人口迁移决策中起到了越来越重要的作用（Rappaport，2009）。达尔伯格等（Dahlberg et al.，2012）利用微观数据考察了瑞典家庭的迁移意愿，结果表明居民更愿意迁移到对教育和儿童保育投入高的地区。关于中国的实证研究也发现，中国大城市的便利性水平更高。为了享受便利性，农村流动人口倾向于向大城市集聚（Xing and Zhang，2017）。另外，人口

集聚的城市拥有更大的产品市场需求，进而吸引了更多产业集聚，这一过程又被称为本地市场效应（钱学峰和梁琦，2007），已在相关文献研究中得到了广泛证实。此外，产业的空间集聚提高了当地对劳动力的需求，提供了更多就业机会，反过来，会进一步促进城市的人口集聚（王燕飞，2014）。

综上所述，沿着"城市便利性→人口集聚↔产业集聚"的传导途径，城市便利性对人口集聚具有直接影响，同时，通过影响人口集聚间接促进产业集聚。人口集聚与产业集聚之间存在循环累积作用，城市聚集发展水平不断提高。由此，我们提出假说7-1、假说7-2。

假说7-1：城市便利性水平越高，城市人口集聚程度越高。

假说7-2：城市人口集聚与产业集聚相互影响，人口集聚促进产业集聚，产业集聚反过来进一步促进城市人口集聚。

7.2.2　土地财政约束与城市集聚发展

无论是居民生活还是企业生产都需要城市提供相应的土地作为空间载体，城市土地开发和土地监管制约着城市的集聚规模（Glaeser, 2006）。自20世纪90年代起，随着住房制度改革的推进，地方政府作为土地资源的所有者与供给者，开始大规模开发和经营城市土地，获得了大量土地出让收入和土地融资收入，并形成了以土地收入为主体的土地财政模式。

为获得更多土地财政收入，一些地方政府往往倾向于拉高房地产用地价格（郭珂，2013）。地价升高导致房价上涨，城市生活成本提高，会挤出一部分本地人口。周颖刚等（2019）利用2014～2016年中国流动人口动态监测调查数据，实证研究了高房价对城市人口的挤出效应。其结果显示，高房价会加强劳动力的迁出意愿，特别是挤出没有购房的、具有高技能的劳动力。在土地财政背景下，城市房价上涨会降低城市对外来流动人口的吸引力，导致城市人口集聚程度下降。因此，城市便利性对城市人口集聚的促进作用会被土地财政抵消一部分，城市便利性的产业集聚效应也会随之下降。地方政府对土地财政的依赖程度越高，抵消作用越大。由此我们提出假说7－3。

假说7－3：城市便利性对城市集聚的影响，受到城市土地财政状况的制约。地方政府对土地财政的依赖程度越高，城市便利性促进城市集聚的作用就越小。

7.3 研究设计

7.3.1 模型设定与估计方法

在本节中，对分析框架中提出的3个假说进行了实证检验。在“城市便利性－城市集聚发展”模型中，城市人口集聚与城市产业集聚相互影响，为避免由此导致的内生性问题，采用联立方程模型来检验城市便利性对人口集聚和产业集聚的影响。基准联立方程模型设定如下：

$$pop_{j,t} = \alpha_0 + \alpha_1 indu_{j,t} + \alpha_2 amenity_{j,t-1} + \alpha_3 x_{j,t-1} + \mu_{j,t} \quad (7-1)$$

$$indu_{j,t} = \beta_0 + \beta_1 pop_{j,t} + \beta_2 z_{j,t-1} + \eta_{j,t} \quad (7-2)$$

方程（7－1）为人口集聚方程，方程（7－2）为产业集聚方程。在方程（7－1）中，人口集聚变量 $pop_{j,t}$ 为内生变量；在方程（7－2）中，产业集聚变量 $indu_{j,t}$ 为内生变量。其余解释变量为外生变量，如城市便利性变量 $amenity_{j,t-1}$ 和其他控制变量 $x_{j,t-1}$ 和 $z_{j,t-1}$。

为检验土地政策约束下，城市便利性对城市集聚发展的影响，将城市便利性与土地政策的交互项引入人口集聚方程，得到：

$$pop_{j,t} = \gamma_0 + \gamma_1 indu_{j,t} + \gamma_2 amenity_{j,t-1} + \gamma_3 amenity_{j,t-1} \times land_{j,t-1} + \gamma_4 land_{j,t-1} + \gamma_5 x_{j,t-1} + \nu_{j,t} \quad (7-3)$$

方程（7－3）为扩展的人口集聚方程，与方程（7－2）构成扩展联立方程模型。其中，土地政策变量 $land_{j,t-1}$ 为外生变量。

联立方程组估计方法，主要包括单一方程估计法和系统估计法。存在内生的解释变量使 OLS 估计不一致。采用单一方程 2SLS 方法对联立方程组进行估计，可以获得一致的估计量。但是，这种方法忽略了不同方程组扰动项之间可能存在的相关性，此时，采用系统估计 3SLS 方法对方程组进行估计，可以获得比单一方程 2SLS 方法更有效的估计量。因此，本章主要采用系统估计 3SLS 方法对联立方程模型进行估计。

此外，人口集聚变量和产业集聚变量与外生解释变量之间，可能存在相互影响。例如，便利性好的城市会吸引更多人口，而人口集聚反过来会对当地的便利性产生更多需求，由此导致城市便利性的内生性问题。为此，在回归中将所有外生解释变量滞后一期，从而避免了在同一时期内，解释变量和被解释变量之间的反向因果关系导致的内生性问题。

7.3.2　内生变量选取与数据来源

第一，人口集聚变量（pop）。

从经济地理角度上看，人口集聚是人口跨区域流动的结果，无论是城乡之间的流动，还是城市之间的流动，最终都表现为城市常住人口规模的扩大。因此，本章使用城市常住人口规模占全国的比重来反映人口集聚的程度。此比重越大，城市人口的空间集聚程度越高。

第二，产业集聚变量（indu）。

产业集聚主要是指，区域增加值或产值等指标占全国的份额（文玫，2004；金煜等，2006）。根据数据的可获取性，选取城市制造业产值占全国的比重来反映城市产业集聚的程度。

表 7 - 1 报告了在全部城市样本中人口集聚程度和产业集聚程度排名前 1% 城市的基本情况。从人口集聚情况看，排名前 1% 的 28 座城市集聚了 24.76% 的城市人口；从城市级别上看，在人口集聚排名 1% 的 28 座城市中，有四个直辖市和九座省会城市，反映出人口在空间上的高度集聚。产业集聚呈现出比人口集聚更明显的空间集聚特征，排名前

1%的28座城市集聚了42.31%的制造业产业份额，制造业主要集聚在长三角地区的上海市、苏州市以及珠三角地区的广州市、深圳市。

表7-1　全部城市样本中人口集聚程度和产业集聚程度排名前1%城市的基本情况

排名	城市	人口份额（%）	城市级别	城市	产业份额（%）	城市级别
1	上海市	1.92	直辖市	上海市	3.49	直辖市
2	北京市	1.68	直辖市	苏州市	3.36	一般地级市
3	重庆市	1.44	直辖市	深圳市	2.46	一般地级市
4	天津市	1.17	直辖市	广州市	1.84	省会城市
5	成都市	1.13	省会城市	青岛市	1.66	一般地级市
6	广州市	1.03	省会城市	佛山市	1.59	一般地级市
7	保定市	0.91	一般地级市	无锡市	1.54	一般地级市
8	哈尔滨市	0.84	省会城市	天津市	1.52	直辖市
9	深圳市	0.84	一般地级市	沈阳市	1.45	省会城市
10	苏州市	0.84	一般地级市	烟台市	1.44	一般地级市
11	石家庄市	0.83	省会城市	南京市	1.42	省会城市
12	武汉市	0.81	省会城市	北京市	1.37	直辖市
13	临沂市	0.81	一般地级市	重庆市	1.37	直辖市
14	南阳市	0.80	一般地级市	潍坊市	1.33	一般地级市
15	邯郸市	0.74	一般地级市	大连市	1.32	一般地级市
16	潍坊市	0.73	一般地级市	杭州市	1.31	省会城市
17	温州市	0.73	一般地级市	宁波市	1.29	一般地级市
18	郑州市	0.73	省会城市	东营市	1.28	一般地级市
19	青岛市	0.71	一般地级市	淄博市	1.24	一般地级市
20	杭州市	0.70	省会城市	郑州市	1.22	省会城市
21	周口市	0.70	一般地级市	武汉市	1.17	省会城市
22	徐州市	0.68	一般地级市	南通市	1.17	一般地级市
23	西安市	0.68	省会城市	东莞市	1.15	一般地级市
24	赣州市	0.67	一般地级市	徐州市	1.12	一般地级市
25	菏泽市	0.66	一般地级市	长春市	1.08	省会城市
26	泉州市	0.66	一般地级市	泉州市	1.07	一般地级市
27	东莞市	0.66	一般地级市	绍兴市	1.04	一般地级市
28	沈阳市	0.66	省会城市	成都市	1.02	省会城市
—	城市累计	24.76	—	城市累计	42.31	—

资料来源：笔者根据《中国区域经济统计年鉴》整理计算而得。

图7-2进一步显示了288座城市样本的人口集聚变量和产业集聚

变量的散点图。从总体上看，人口集聚与产业集聚呈正相关关系。人口集聚的地区产业集聚程度也较高，反之则反是。本章将在实证分析中对这种相关关系进行具体的估计和检验。

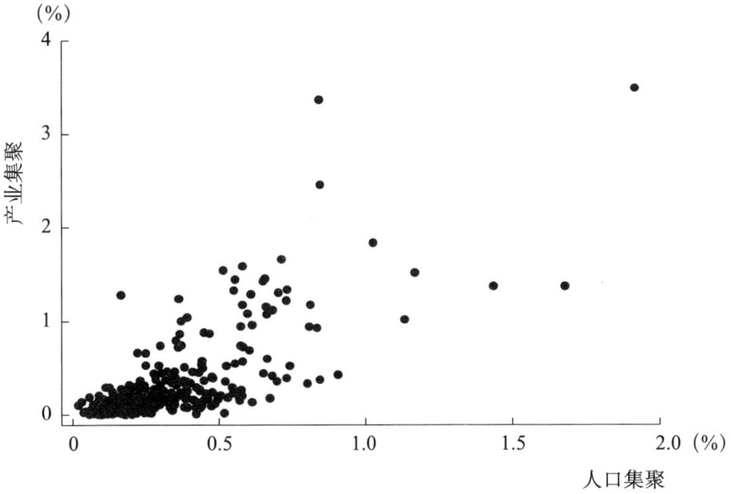

图 7－2　288 座城市样本的人口集聚变量和产业集聚变量的散点图

注：人口集聚和产业集聚的单位均为%。

资料来源：笔者根据《中国区域经济统计年鉴》的相关数据整理计算而得。

7.3.3　外生变量选取与数据来源

第一，城市便利性变量（amenity）。

便利性包含的内容十分广泛，能够影响本地居民福利而又不用居民直接支付费用的本地属性，都可以当作便利性。在既有文献中，主要用城市提供的基础设施和公共服务水平来反映城市便利性。本章将城市便利性分为三类：环境便利性、交通便利性和生活便利性，见表 7－2。这些指标之间具有较强的相关性，将它们全部引入联立方程模型容易导致多重共线性问题（郑丹 and Kuroda，2017）。我们利用因子分析方法将上述指标降维，由一个综合指数来反映城市便利性的整体水平，综合指数值越大，城市便利性的整体水平越高。

表7－2　全部城市样本中排名前1%和排名后1%城市的城市便利性指数

类别	指标名称	资料来源
环境便利性	城市公园数量	《中国城市建设统计年鉴》
	建成区绿地面积	《中国城市建设统计年鉴》
	污水处理厂数量	《中国城市建设统计年鉴》
交通便利性	人均道路面积	《中国城市统计年鉴》
	公共汽车数量	《中国城市统计年鉴》
	桥梁数量	《中国城市建设统计年鉴》
生活便利性	义务教育阶段师生比	《中国城市统计年鉴》
	医疗卫生机构床位数	《中国城市统计年鉴》
	图书馆藏书总量	《中国城市统计年鉴》

资料来源：笔者在相关文献基础上整理而得。

表7－2报告了全部城市样本中排名前1%和排名后1%城市的城市便利性指数。城市便利性排名靠前的城市的城市便利性指数，主要是直辖市和省会城市，而排名靠后的城市均为一般地级市，反映出城市级别对城市便利性存在显著影响。

表7－3　部分城市便利性水平指数

排名	城市	城市便利性指数	城市级别	排名	城市	城市便利性指数	城市级别
1	北京市	5.589	直辖市	260	达州市	－0.506	一般地级市
2	上海市	4.957	直辖市	261	萍乡市	－0.515	一般地级市
3	深圳市	3.378	一般地级市	262	北海市	－0.518	一般地级市
4	重庆市	3.327	直辖市	263	清远市	－0.521	一般地级市
5	广州市	3.066	省会城市	264	揭阳市	－0.524	一般地级市
6	苏州市	2.434	一般地级市	265	玉林市	－0.528	一般地级市
7	天津市	2.333	直辖市	266	邵阳市	－0.535	一般地级市
8	南京市	2.151	省会城市	267	黑河市	－0.538	一般地级市
9	东莞市	2.096	一般地级市	268	张家界市	－0.541	一般地级市
10	成都市	1.759	省会城市	269	肇庆市	－0.542	一般地级市
11	无锡市	1.550	一般地级市	270	濮阳市	－0.543	一般地级市
12	武汉市	1.450	省会城市	271	驻马店市	－0.546	一般地级市

续表

排名	城市	城市便利性指数	城市级别	排名	城市	城市便利性指数	城市级别
13	杭州市	1.403	省会城市	272	昭通市	-0.548	一般地级市
14	青岛市	1.211	一般地级市	273	荆州市	-0.549	一般地级市
15	济南市	1.104	省会城市	274	铜仁市	-0.554	一般地级市
16	沈阳市	1.080	省会城市	275	抚州市	-0.557	一般地级市
17	哈尔滨市	1.054	省会城市	276	巴中市	-0.560	一般地级市
18	大连市	1.032	一般地级市	277	郴州市	-0.564	一般地级市
19	长春市	0.958	省会城市	278	嘉峪关市	-0.570	一般地级市
20	烟台市	0.853	一般地级市	279	梧州市	-0.590	一般地级市
21	西安市	0.842	省会城市	280	鹤壁市	-0.603	一般地级市
22	昆明市	0.767	省会城市	281	景德镇市	-0.608	一般地级市
23	常州市	0.756	一般地级市	282	海东市	-0.612	一般地级市
24	呼伦贝尔市	0.726	一般地级市	283	安顺市	-0.643	一般地级市
25	合肥市	0.688	省会城市	284	汕尾市	-0.650	一般地级市
26	淄博市	0.679	一般地级市	285	六盘水市	-0.671	一般地级市
27	南通市	0.628	一般地级市	286	广安市	-0.681	一般地级市
28	宁波市	0.572	一般地级市	287	资阳市	-0.687	一般地级市

资料来源：笔者根据表 7-2 中的城市便利性指标体系利用因子分析方法计算而得。

第二，其他控制变量。

人口方程中的控制变量包括：城市人口规模变量，根据城市户籍人口数量，构建两个虚拟变量 mega_city 和 large_city，来分别表示超大城市（人口在 1000 万人以上）和特大城市（人口在 500 万～1000 万人），由此控制了城市规模对人口流动和人口集聚的影响。城市工资收入水平（wage），利用城镇单位就业人员平均工资来反映城市工资收入水平。土地财政依赖（land），在土地财政背景下，地方政府对土地财政的依赖程度越高，城市土地利用结构房地产化的特点就越明显。因此，我们以居住用地在城市建设用地中所占的比重来反映地方政府对土地财政的依赖程度。

产业集聚方程中的控制变量包括：城市运输条件（transport），一方面，取决于城市所在区域的交通路网状况；另一方面，受城市地理位置的影响。利用城市所在省（区市）的交通运输业投资除以该城市与其他城市的平均地理距离来表示。对外开放（open），以城市外资企业在工业总产值中所占比重来反映城市的对外开放程度。集聚外部性（externality），以城市制造业企业数量来反映该城市企业的集聚外部性。

在剔除了数据缺失的城市之后，研究样本限定在 4 个直辖市和 284 个地级市，共计 288 个城市。研究时段为 2012 年或 2013 年。表 7－4 给出了联立方程模型中变量的具体信息和描述性统计指标。

表 7－4　　联立方程模型中变量的具体信息和描述性统计指标

变量名	定义	平均值	标准差	数据来源	时间段
pop	城市常住人口/全国总人口	0.347	0.469	《中国区域经济统计年鉴》	2013 年
indu	城市制造业产值/全国制造业总产值	0.347	0.246	中国工业企业数据库	2013 年
amenity	城市便利性综合指数	－0.057	0.744	《中国城市统计年鉴》《中国区域经济统计年鉴》《中国城市建设统计年鉴》	2012 年
mega_city	mega_city＝1，城市人口超过 1000 万人；否则，为 0	0.048	0.215	《中国区域经济统计年鉴》	2012 年
large_city	large_city＝1，城市人口在 500 万～1000 万人区间；否则，为 0	0.257	0.437	《中国区域经济统计年鉴》	2012 年
wage	城镇单位就业人员平均工资	4.774	8.978	《中国区域经济统计年鉴》	2012 年
land	居住用地面积/城市建设用地总面积	0.321	0.091	《中国城市建设统计年鉴》	2012 年
transport	城市所在省（区市）的交通运输业投资额/城市距离其他城市的平均地理距离	0.871	0.422	《中国城市统计年鉴》	2012 年
open	外资企业工业总产值/城市工业总产值	0.164	0.176	《中国城市统计年鉴》	2012 年
externality	城市当年制造业企业总数	1.050	1.363	中国工业企业数据库	2012 年

资料来源：笔者根据表中数据来源及变量定义整理计算而得。

7.4　结果分析

7.4.1　基准联立方程模型结果

表7－5中的第（1）列报告了由方程（7－1）和方程（7－2）组成的基准联立方程模型的估计结果。

首先，变量amenity的系数为正且在1%的水平上显著，表明城市便利性对人口集聚具有正向作用。这证实了假说7－1中关于城市便利性的人口集聚效应。城市便利性是吸引人口在地区间流动的重要因素，人口更倾向于向便利性水平高的城市集聚。为比较各个变量对人口集聚影响的大小及对产业集聚影响的大小，第（2）列报告了标准化系数的结果。在控制了城市人口规模之后，amenity变量的系数要大于indu变量的系数和wage变量的系数。这表明，城市便利性已经成为影响城市人口集聚最重要的因素。在传统人口流动理论中，将地区间的工资收入差距作为人口迁移的主要动因。而本章研究表明，在控制了工资收入的情况下，城市便利性对人口集聚产生了显著影响。人口在便利性好的大城市集聚，不仅是为了获得更高的工资收入，也是为了享受便利性带来的高质量生活。

表7－5　方程（7－1）和方程（7－2）组成的基准联立方程模型的估计结果

	(1)	(2)
人口集聚方程（被解释变量：pop）		
indu	0.114*** (0.034)	0.219*** (0.066)
amenity	0.082*** (0.015)	0.250*** (0.047)
wage	0.003*** (0.001)	0.141*** (0.022)
mega_city	0.452*** (0.032)	1.840*** (0.132)

续表

	(1)	(2)
人口集聚方程（被解释变量：pop）		
large_city	0.228*** (0.014)	0.928*** (0.060)
常数	0.208*** (0.011)	-0.327*** (0.030)
样本量	288	288
R^2	0.833	0.833
产业集聚方程（被解释变量：indu）		
pop	1.136*** (0.082)	0.594*** (0.042)
transport	0.077** (0.030)	0.070** (0.027)
open	0.396*** (0.084)	0.148*** (0.031)
externality	0.100*** (0.012)	0.291*** (0.036)
常数	-0.286*** (0.035)	0.000 (0.033)
样本量	288	288
R^2	0.671	0.833

注：括号中报告的是标准差；*** 和 ** 分别表示在1%和5%的水平上显著。
资料来源：笔者利用Stata15.0软件整理计算而得。

其次，两个内生变量pop和indu的系数，均为正且在1%的水平上显著，这证实了假说7-2，表明城市人口集聚与城市产业集聚是一个相互影响的正向因果累计过程。人口集聚的城市会吸引制造业产业集聚，而产业的空间集聚反过来会进一步促进城市的人口集聚。伴随着人口和产业的不断集聚，劳动力要素和资本要素也不断向大城市集中，由此导致大城市的人口规模与经济规模不断扩大。

最后，控制变量对城市人口集聚和城市产业集聚都产生了显著影响。城市规模变量和城市收入水平变量的系数均为正，与已有相关研究结论一致，人口规模大、预期收入高的地区更容易成为人口流入地，从而促进人口在空间上的集聚。运输成本变量、对外开放程度变量和集聚外部性变量的系数均为正，表明一个城市的运输成本越低、对外开放程度越高，已有制造业企业数量越多，越容易吸引更多产业向本地集聚。

7.4.2　稳健性检验

本章的分析，主要采用制造业产值数据来反映城市产业集聚水平。在研究城市集聚发展问题时，忽略第三产业而只考虑制造业的集聚可能会存在一定偏差。为此，本章整理了城市 GDP 的数据，用城市 GDP 占全国的比重构建反映城市产业集聚水平的变量 gdp，将 gdp 作为产业集聚方程的被解释变量，对基准联立方程模型的实证结果进行了稳健性检验。表7－6 的第（1）列，报告了估计结果。与基准联立方程模型的结果相比，城市产业集聚变量和城市便利性变量的符号和显著性，均未发生变化，因此，模型结果是稳健的。

表7－6　稳健性估计结果

	（1）	（2）
人口集聚方程（被解释变量：pop）		
gdp	0.970*** (0.300)	
indu		0.143*** (0.036)
amenity	0.083*** (0.015)	0.060*** (0.020)
wage	0.003*** (0.001)	0.016** (0.006)
mega_city	0.453*** (0.032)	0.447*** (0.033)
large_city	0.228*** (0.015)	0.231*** (0.014)
常数	0.213*** (0.010)	0.276*** (0.029)
样本量	288	284
R^2	0.832	0.784

续表

	(1)	(2)
产业集聚方程（被解释变量：gdp，indu）		
pop	0.133*** (0.009)	1.062*** (0.101)
transport	0.008** (0.019)	0.075** (0.034)
open	0.045*** (0.009)	0.454*** (0.088)
externality	0.011*** (0.001)	0.099*** (0.013)
常数	-0.038*** (0.004)	-0.265*** (0.037)
样本量	288	284
R^2	0.666	0.606

注：括号中报告的是标准差；***、** 分别表示在1%、5%的水平上显著；在产业集聚方程中，第（1）列的被解释变量是gdp，第（2）列的被解释变量是indu。

资料来源：笔者利用Stata15.0软件整理计算而得。

与一般地级市相比，直辖市具有明显的政治经济优势。为了控制样本中在行政级别上的异质性，在稳健性分析中，本章进一步剔除了4个直辖市，用284个地级市样本对联立方程模型进行回归，表7-6的第（2）列报告了地级市样本的估计结果。与全样本模型相比，城市便利性变量的系数和显著性并未发生明显变化，由此可以推断联立方程模型的估计结果是稳健的。

7.4.3 扩展联立方程模型结果

表7-7的第（1）列报告了由方程（7-2）和方程（7-3）组成的扩展联立方程模型的估计结果。

首先，与基准联立方程模型相比，城市便利性变量的系数和显著性并未发生明显变化，而新加入的土地财政变量land的系数为负且在10%的水平上显著，说明城市对土地财政的依赖会阻止人口向城市集聚。此外，交叉项（amenity × land）的系数也显著为负，与假说7-3

的推论相符。城市便利性的人口集聚效应会受到土地财政依赖程度的影响，城市土地财政依赖程度越高，便利性的人口集聚效应越小。

表7-7 扩展模型结果

	(1)	(2)	(3)
人口集聚方程（被解释变量：pop）			
indu	0.120 *** (0.036)	0.121 *** (0.036)	0.121 *** (0.036)
amenity	0.099 *** (0.015)	0.044 * (0.025)	0.084 *** (0.015)
wage	0.004 *** (0.001)	0.004 ** (0.001)	0.004 *** (0.001)
mega_city	0.459 *** (0.032)	0.452 *** (0.032)	0.452 *** (0.032)
large_city	0.235 *** (0.014)	0.232 *** (0.015)	0.232 *** (0.015)
land	-0.085 * (0.050)	-0.065 (0.049)	-0.065 (0.049)
amenity × land	-0.119 ** (0.055)	-0.132 ** (0.060)	-0.132 ** (0.060)
常数	0.225 *** (0.020)	0.189 *** (0.014)	0.209 *** (0.014)
样本量	288	288	288
R^2	0.841	0.838	0.838
产业集聚方程（被解释变量：indu）			
pop	1.092 *** (0.081)	1.109 *** (0.081)	1.109 *** (0.081)
transport	0.077 ** (0.031)	0.079 ** (0.030)	0.079 ** (0.030)
open	0.407 *** (0.084)	0.399 *** (0.083)	0.399 (0.083)
externality	0.103 *** (0.012)	0.102 *** (0.012)	0.102 *** (0.012)
常数	-0.276 *** (0.035)	-0.281 *** (0.035)	-0.281 *** (0.035)
样本量	288	288	288
R^2	0.675	0.673	0.673

注：括号中报告的是标准差；*** 、** 和 * 分别表示在1%、5%和10%的水平上显著。
资料来源：笔者利用Stata15.0软件计算整理而得。

其次，为便于解释引入交叉项后，城市便利性变量对人口集聚的影响，本章对连续变量 land 的数值进行了四舍五入，保留至小数点后一位，处理后 94.5% 的 land 变量数值在 0.2 ~ 0.5 区间。根据变量定义，land 变量的值越大，城市对土地财政的依赖程度越高，选取 land 值等于 0.2、0.5，分别表示低度的土地依赖程度和高度的土地财政依赖程度。在此基础上，对 land 变量进行中心化处理，分别减去 0.2 和 0.5，此时，amenity 变量的系数可以解释为在低度的土地依赖程度或高度的依赖土地财政的城市中，城市便利性的人口集聚效应。表 7 – 7 的第（2）~第（3）列，报告了中心化处理后的估计结果。在低度的依赖土地财政的城市中，amenity 变量的系数为 0.084，而在高度依赖土地财政的城市中，amenity 变量的系数下降至 0.044。因此，城市便利性的人口集聚效应，随着土地财政的依赖程度而递减。

最后，人口集聚与产业集聚的正向因果累积关系使城市便利性会通过促进人口集聚间接地影响城市产业集聚。表 7 – 8 总结了不同情景下城市便利性对人口集聚和产业集聚的效应。在情景一中，不考虑土地财政的约束，城市便利性的直接人口集聚效应为 0.250，间接产业集聚效应为 0.148。即城市便利性整体水平每提高 1 个标准单位，城市人口集聚程度上升 0.25%，产业集聚程度相应地上升 0.148%。在情景二中，城市对土地财政依赖度高，城市便利性的直接人口集聚效应为 0.044，间接产业集聚效应为 0.048。城市便利性整体水平每提高 1 个标准单位，城市人口集聚程度上升 0.044%，产业集聚程度相应地上升 0.048%。在情景三中，城市对土地财政的依赖度低，城市便利性水平每提高 1 个标准单位，会直接带动人口集聚程度提高 0.084%，同时，会间接地促进产业集聚提高 0.093%。与土地财政依赖程度高的情景相比，城市便利性的集聚效应明显提高。

表7-8 不同情景下城市便利性对人口集聚和产业集聚的效应

变量	情景一：不考虑土地财政约束		情景二：土地财政依赖度高		情景三：土地财政依赖度低	
	直接效应	间接效应	直接效应	间接效应	直接效应	间接效应
人口集聚	0.250	—	0.044	—	0.084	—
产业集聚	—	0.148	—	0.048	—	0.093

注："—"表示无数据。
资料来源：笔者在扩展联立方程模型结果的基础上整理计算而得。

7.5 结论和政策建议

在城市便利性的理论框架下，本章研究构建了"城市便利性-城市集聚"的概念模型，分析了城市便利性对城市集聚发展的影响机制和传导路径。利用中国288个城市的数据，通过联立方程模型3SLS方法，对土地财政背景下，城市便利性影响城市集聚发展的机制和传导路径进行了实证检验。研究结果表明：第一，人口和产业都倾向于向便利性水平高的城市集聚，城市便利性通过促进人口集聚和产业集聚来推动城市集聚发展；第二，在城市便利性促进城市集聚发展过程中，人口集聚与产业集聚存在正向的循环因果累计关系，人口集聚吸引了更多产业集聚，产业集聚水平的提高又进一步促进了人口集聚；第三，城市便利性的人口集聚效应和产业集聚效应，受到土地财政的制约，地方政府对土地财政的依赖程度越高，地区便利性的集聚效应越小。

本章的研究结果，具有重要的政策含义。一是随着经济发展和收入水平提高，人口对便利性和生活质量的追求日益增强。缩小地区间在便利性上的空间差异，提高公共服务均等化水平，将有助于调整人口的空间布局，避免人口向大城市过度集聚造成的"城市病"问题。二是城市的自然便利性由城市先天的地理位置和气候条件所决定，往往无法改变。而城市的便利性，可以通过后天建设来改善和提高。对于在自然便利性上不占优势的城市而言，可以通过加强城市教育和医疗基础设施建设，提升城市公共服务质量来增强城市对人口的吸引力，进而通过人口集聚促进产业集聚，实现城市集聚发展。三是城市便利性的集聚效应，受到土地财政的制约。因此，地方政府需要摆脱对土地财政的依赖，制定科学的土地开发规划，合理安排各种类型用地的供给比例，确保城市便利性在促进城市集聚发展中充分发挥作用。

参考文献

[1] [英] 阿尔弗雷德·韦伯. 工业区位论 [M]. 李刚剑译. 北京: 商务印书馆, 1997.

[2] [美] 查尔斯·D. 科尔斯塔德. 环境经济学 (第二版) [M]. 北京: 中国人民大学出版社, 2016.

[3] 安虎森, 何文. 从空间视角分析环境对于区域产业布局的影响 [J]. 西南民族大学学报 (人文社会科学版), 2013, 34 (4): 113 - 117.

[4] 包晴. 中国经济发展中地区之间污染转移现象的表现形式及其原因分析 [J]. 北方民族大学学报 (哲学社会科学版), 2009 (3): 72 - 76.

[5] 包群, 邵敏, 杨大利. 环境规制抑制了污染排放吗? [J]. 经济研究, 2013, 48 (12): 42 - 54.

[6] 陈新娟, 环境污染、住房价格与经济增长研究, 当代经济, 2019 (10): 12 - 15.

[7] 仇方道, 蒋涛, 张纯敏, 单勇兵. 江苏省污染密集型产业空间转移及影响因素 [J]. 地理科学, 2013, 33 (7): 789 - 796.

[8] 楚永生, 刘杨, 刘梦. 环境污染效应对异质性劳动力流动的影响——基于离散选择模型的空间计量分析 [J]. 产经评论, 2015 (4): 47 - 58.

[9] 褚清华, 王凡凡. 官员来源, 政绩压力与地方环境治理 [J].

甘肃社会科学，2019（1）：214－222.

［10］董直庆，王辉．环境规制的“本地—邻地”绿色技术进步效应［J］．中国工业经济，2019（1）：100－118.

［11］杜建国，王敏，陈晓燕，等．公众参与下的企业环境行为演化研究［J］．运筹与管理，2013，22（1）：244－251.

［12］杜两省，彭竞．教育回报率的城市差异研究［J］．中国人口科学，2010（5）：85－94.

［13］段楠．城市便利性、弱连接与“逃回北上广”——兼论创意阶层的区位选择［J］．城市观察，2012（2）：99－109.

［14］冯云廷．城市舒适与居民生活品质［J］．财经问题研究，2008（7）：113－118.

［15］傅京燕，李丽莎．环境规制、要素禀赋与产业国际竞争力的实证研究——基于中国制造业的面板数据［J］．管理世界，2010（10）：87－98，187.

［16］傅京燕．环境规制、要素禀赋与贸易模式：理论与实证研究［M］．北京：经济科学出版社，2010.

［17］傅帅雄，张可云，张文彬．环境规制与中国工业区域布局的“污染天堂”效应［J］．山西财经大学学报，2011，33（7）：8－14.

［18］高树婷，苏伟光，杨琦佳．基于 DEA－Malmquist 方法的中国区域排污费征管效率分析［J］．中国人口·资源与环境，2014，24（2）：23－29.

［19］郭建万，陶锋．集聚经济、环境规制与外商直接投资区位选择——基于新经济地理学视角的分析［J］．产业经济研究，2009（4）：29－37.

［20］郭俊杰，方颖，杨阳．排污费征收标准改革是否促进了中国工业二氧化硫减排［J］．世界经济，2019，42（1）：121－144.

［21］郭珂．土地财政依赖、财政缺口与房价——基于省级面板数

据的研究［J］. 经济评论，2013（2）：69－75.

［22］贺灿飞，周沂. 环境经济地理研究［M］. 北京：科学出版社，2016.

［23］洪大用，范叶超，李佩繁. 地位差异、适应性与绩效期待——空气污染诱致的居民迁出意向分异研究［J］. 社会学研究，2016（3）：1－24.

［24］侯慧丽. 城市公共服务的供给差异及其对人口流动的影响［J］. 中国人口科学，2016（1）：118－125，128.

［25］黄志基，贺灿飞，杨帆，周沂. 中国环境规制、地理区位与企业生产率增长［J］. 地理学报，2015，70（10）：1581－1591.

［26］蒋伏心，王竹君，白俊红. 环境规制对技术创新影响的双重效应——基于江苏制造业动态面板数据的实证研究［J］. 中国工业经济，2013（7）：44－55.

［27］金祥荣，谭立力. 环境政策差异与区域产业转移——一个新经济地理学视角的理论分析［J］. 浙江大学学报（人文社会科学版），2012，42（5）：51－60.

［28］金煜，陈钊，陆铭. 中国的地区工业集聚：经济地理、新经济地理与经济政策［J］. 经济研究，2006（4）：79－89.

［29］孔乃玉. 空气污染对中国房地产市场影响的实证研究［D］. 厦门：厦门大学，2018.

［30］李斌，彭星，欧阳铭珂. 环境规制、绿色全要素生产率与中国工业发展方式转变——基于36个工业行业数据的实证研究［J］. 中国工业经济，2013（4）：56－68.

［31］李波，于水. 达标压力型体制：地方水环境河长制治理的运作逻辑研究［J］. 宁夏社会科学，2018（2）：41－47.

［32］李明，张亦然. 空气污染的移民效应——基于来华留学生高校—城市选择的研究［J］. 经济研究，2019（6）：168－182.

［33］李胜兰，初善冰，申晨．地方政府竞争、环境规制与区域生态效率［J］．世界经济，2014，37（4）：88－110.

［34］李婉红．排污费制度驱动绿色技术创新的空间计量检验——以29个省域制造业为例［J］．科研管理，2015，6（36）：1－9.

［35］李卫兵，张凯霞．空气污染对企业生产率的影响——来自中国工业企业的证据［J］．管理世界，2019，35（10）.

［36］李永友，沈坤荣．中国污染控制政策的减排效果——基于省际工业污染数据的实证分析［J］．管理世界，2008（7）：7－17.

［37］李云雁．财政分权、环境规制与污染治理［J］．学术月刊，2012（6）：90－96.

［38］刘冰玉，凌昊莹．从社会学视角探讨网络媒介环境中群体性事件的舆情变异［J］．现代传播（中国传媒大学学报），2012，34（9）：111－115.

［39］刘锋．关于"十一五"规划区域划分的思考［J］．调查研究报告，2005（65）：1－15.

［40］刘海龙．媒体参与企业社会责任治理：基于中国省级地区节能减排数据的实证研究［J］．中国非营利评论，2011，8（2）：57－75.

［41］刘金凤，魏后凯．城市公共服务对流动人口永久迁移意愿的影响［J］．经济管理，2019，41（11）：20－37.

［42］刘细良，刘秀秀．基于政府公信力的环境群体性事件成因及对策分析［J］．中国管理科学，2013，21（S1）：153－158.

［43］刘泽云．教育收益率估算中的几个方法问题［J］．北京大学教育评论，2009（1）：145－156，198.

［44］刘志忠，陈果．环境规制与外商直接投资区位分布——基于城市面板数据的实证研究［J］．国际贸易问题，2009（3）：61－69.

［45］卢洪友，刘啟明，祁毓．中国环境保护税的污染减排效应再

研究——基于排污费征收标准变化的视角［J］. 中国地质大学学报（社会科学版），2018，18（5）：67－82.

［46］陆旸. 环境规制影响了污染密集型商品的贸易比较优势吗？［J］. 经济研究，2009，44（4）：28－40.

［47］罗红格，张李斌，苏姝，李丽娜. 雾霾天气对居民心理健康的影响研究［J］. 河北联合大学学报（医学版），2017（6）：467－472.

［48］马勇，童昀，任洁，等. 公众参与型环境规制的时空格局及驱动因子研究——以长江经济带为例［J］. 地理科学，2018，38（11）：1799－1808.

［49］聂辉华，江艇，杨汝岱. 中国工业企业数据库的使用现状和潜在问题［J］. 世界经济，2012，35（5）：142－158.

［50］彭可茂，席利卿，雷玉桃. 中国工业的污染避难所区域效应——基于2002—2012年工业总体与特定产业的测度与验证［J］. 中国工业经济，2013（10）：44－56.

［51］齐绍洲，林屾，崔静波. 环境权益交易市场能否诱发绿色创新？——基于中国上市公司绿色专利数据的证据［J］. 经济研究，2018，53（12）：129－143.

［52］齐晔. 中国低碳发展报告2013［M］. 北京：社会科学文献出版社，2013.

［53］綦建红，鞠磊. 环境规制与外资区位分布的实证分析——基于中国1985—2004年数据的协整分析与格兰杰因果检验［J］. 财贸研究，2007（3）：10－15，31.

［54］钱学峰，梁琦. 本地市场效应：理论和经验研究的最新进展［J］. 经济学（季刊），2007（3）：969－990.

［55］秦炳涛，张玉. 雾霾、工资与劳动力流动［J］. 西北人口，2019，40（5）：12－22.

［56］任胜钢，项秋莲，何朵军. 自愿型环境规制会促进企业绿色

创新吗？——以 ISO14001 标准为例［J］. 研究与发展管理，2018（6）：5－15.

［57］沈坤荣，金刚，方娴. 环境规制引起了污染就近转移吗？［J］. 经济研究，2017，52（5）：44－59.

［58］沈坤荣，金刚. 中国地方政府环境治理的政策效应———基于“河长制”演进的研究［J］. 中国社会科学，2018（5）：92－115.

［59］沈能，刘凤朝. 高强度的环境规制真能促进技术创新吗？——基于“波特假说”的再检验［J］. 中国软科学，2012（4）：49－59.

［60］沈能. 环境规制对区域技术创新影响的门槛效应［J］. 中国人口·资源与环境，2012，22（6）：12－16.

［61］盛斌，吕越. 外国直接投资对中国环境的影响——来自工业行业面板数据的实证研究［J］. 中国社会科学，2012（5）：54－75.

［62］盛丹，张国峰. 两控区环境规制与企业全要素生产率增长［J］. 管理世界，2019，35（2）：24－42，198.

［63］石忆邵，张蕊. 大型公园绿地对住宅价格的时空影响效应——以上海市黄兴公园绿地为例［J］. 地理研究，2010，29（3）：510－520.

［64］史青. 外商直接投资、环境规制与环境污染——基于政府廉洁度的视角［J］. 财贸经济，2013（1）：93－103.

［65］宋俊星，任丽燕，马仁锋，李泽坤，姚丹. 邻避设施对住宅价格的空间影响研究［J］. 特区经济，2020（1）：105－110.

［66］孙伟增，张晓楠，郑思齐. 空气污染与劳动力的空间流动——基于流动人口就业选址行为的研究，经济研究，2019（11）：102－117.

［67］孙佑海. 我国 70 年环境立法：回顾、反思与展望［J］. 中国环境管理，2019，11（6）：5－10.

［68］孙中伟，孙承琳．警惕空气污染诱发“逆城市化”：基于流动人口城市居留意愿的经验分析［J］．华南师范大学学报（社会科学版），2018，235（5）：135－142，193.

［69］陶长琪，丁煜．双重环境规制促进还是抑制技能溢价？［J］．研究与发展管理，2019（5）：114－124.

［70］王灿发，李婷婷．群体性事件中微博舆论领袖意见的形成、扩散模式及引导策略探讨——以2012年“宁波PX事件”为例［J］．现代传播（中国传媒大学学报），2013，35（3）：148－149.

［71］王国印，王动．波特假说、环境规制与企业技术创新——对中东部地区的比较分析［J］．中国软科学，2011（1）：100－112.

［72］王海，尹俊雅，李卓．开征环保税会影响企业TFP吗——基于排污费征收力度的实证检验［J］．财贸研究，2019，30（6）：87－98.

［73］王杰，刘斌．环境规制与企业全要素生产率——基于中国工业企业数据的经验分析［J］．中国工业经济，2014（3）：44－56.

［74］王金南，龙凤，葛察忠，高树婷．排污费标准调整与排污收费制度改革方向［J］．环境保护，2014，42（19）：37－39.

［75］王岭．环境规制，公众参与和环境污染治理——基于中国省际面板数据的实证分析［J］．2010年中国产业组织前沿论坛，2011：612－623.

［76］王书明，蔡萌萌．基于新制度经济学视角的“河长制”评析［J］．中国人口·资源与环境，2011（9）：8－13.

［77］王树强，史婧．空气质量对城市住宅价格影响的区域差异性研究［J］．价格月刊，2019（10）：14－21.

［78］王喜平，杨莉坤．排污费对火力发电环境治理效率的门限效应研究［J］．生态经济，2019，35（7）：168－173.

［79］王孝松，李博，翟光宇．引资竞争与地方政府环境规制

[J]. 国际贸易问题，2015 (8): 51 -61.

[80] 王燕飞. 城市产业集聚与就业促进的实证分析 [J]. 探索，2014 (2): 93 -97.

[81] 王洋，赵玲玲，苏磊，关兴良，王少剑. 城市景观与环境外部性对住宅价格空间分异的影响（英文）[J]. Journal of Geographical Sciences, 2015, 25 (9): 1122 -1136.

[82] 王勇，谢婷婷，郝翠红. 环境成本上升如何影响企业就业增长？——基于排污费修订政策的实证研究 [J]. 南开经济研究，2019 (4): 12 -36.

[83] 王宇澄. 基于空间面板模型的中国地方政府环境规制竞争研究 [J]. 管理评论，2015, 27 (8): 23 -32.

[84] 魏后凯. 外商直接投资对中国区域经济增长的影响 [J]. 经济研究，2002 (4): 19 -26, 92 -93.

[85] 魏玮，毕超. 环境规制、区际产业转移与污染避难所效应——基于省级面板 Poisson 模型的实证分析 [J]. 山西财经大学学报，2011, 33 (8): 69 -75.

[86] 温海珍，卜晓庆，秦中伏. 城市湖景对住宅价格的空间影响——以杭州西湖为例 [J]. 经济地理，2012, 32 (11): 58 -64.

[87] 文玫. 中国工业在区域上的重新定位和聚集 [J]. 经济研究，2004 (2): 84 -94.

[88] 吴文钰. 城市便利性、生活质量与城市发展：综述及启示 [J]. 城市规划学刊，2010, 189 (4): 71 -75.

[89] 吴玉鸣. 外商直接投资对环境规制的影响 [J]. 国际贸易问题，2006 (4): 111 -116.

[90] 席鹏辉. 财政激励、环境偏好与垂直式环境管理——纳税大户议价能力的视角 [J]. 中国工业经济，2017 (11): 100 -117.

[91] 席艳玲，张新宇. 绿色治理：新时代环境治理的中国样本

[N]. 中国社会科学报, 2019-01-03 (1).

[92] 夏怡然, 陆铭. 城市间的"孟母三迁"——公共服务影响劳动力流向的经验研究 [J]. 管理世界, 2015 (10): 78-90.

[93] 夏怡然, 苏锦红, 黄伟. 流动人口向哪里集聚? ——流入地城市特征及其变动趋势 [J]. 人口与经济, 2015 (3): 13-22.

[94] 项本武, 杨晓北. 中国城市便利性对城市人口增长的影响研究 [J]. 城市发展研究, 2017, 24 (2): 22-26.

[95] 肖挺, 环境质量是劳动人口流动的主导因素吗? ——"逃离北上广"现象的一种解读 [J]. 经济评论, 2016 (2): 3-17.

[96] 谢千里, 罗斯基, 张铁凡. 中国工业生产率的增长与收敛 [J]. 经济学, 2008 (2): 809-826.

[97] 邢春冰. 迁移、自选择与收入分配——来自中国城乡的证据 [J]. 经济学, 2010, 9 (1): 633-660.

[98] 徐敏燕, 左和平. 集聚效应下环境规制与产业竞争力关系研究——基于"波特假说"的再检验 [J]. 中国工业经济, 2013 (3): 72-84.

[99] 许和连, 邓玉萍. 外商直接投资导致了中国的环境污染吗? ——基于中国省际面板数据的空间计量研究 [J]. 管理世界, 2012 (2): 30-43.

[100] 许庆明. 试析环境问题上的政府失灵 [J]. 管理世界, 2001 (5): 195-197.

[101] 薛立强, 范文宇. 多元主体视域下环境群体性事件的发生成因及其治理机制——以浙江余杭事件为例 [J]. 天津商业大学学报, 2017, 37 (1): 45-50.

[102] 杨海生, 陈少凌, 周永章. 地方政府竞争与环境政策——来自中国省份数据的证据 [J]. 南方经济, 2008 (6): 15-30.

[103] 杨汝岱. 中国制造业企业全要素生产率研究 [J]. 经济研

究，2015，50（2）：61－74.

［104］姚林如，杨海军，王笑．不同环境规制工具对企业绩效的影响分析［J］．财经论丛，2017，228（12）：107－113.

［105］叶琴，曾刚，戴劭勍，等．不同环境规制工具对中国节能减排技术创新的影响——基于285个地级市面板数据［J］．中国人口·资源与环境，2018（2）：115－122.

［106］易承志．城市居民环境诉求政府回应机制的内在逻辑与优化路径——基于整体性治理的分析框架［J］．南京社会科学，2019（8）：64－70.

［107］应瑞瑶，周力．外商直接投资、工业污染与环境规制——基于中国数据的计量经济学分析［J］．财贸经济，2006（1）：76－81.

［108］于建嵘．中国信访制度批判［J］．中国改革，2005（2）：26－28.

［109］余光辉，陶建军，袁开国，等．环境群体性事件的解决对策［J］．环境保护，2010（19）：29－31.

［110］虞祎，张晖，胡浩．地方环境规制、地区猪肉流通与污染天堂效应——基于引力模型的实证检验［J］．农业技术经济，2011（11）：84－90.

［111］袁宝龙．制度与技术双“解锁”是否驱动了中国制造业绿色发展？［J］．中国人口·资源与环境，2018，28（3）：117－127.

［112］原毅军，谢荣辉．环境规制的产业结构调整效应研究——基于中国省际面板数据的实证研究［J］．中国工业经济，2014（8）：57－69.

［113］原毅军，谢荣辉．环境规制与工业绿色生产率增长——对“强波特假说”的再检验［J］．中国软科学，2016（7）：144－154.

［114］湛东升．城市宜居性评价与流动人口择居意愿［N］．中国人口报，2017－12－11（3）.

[115] 张彩云，王勇，李雅楠. 生产过程绿色化能促进就业吗——来自清洁生产标准的证据 [J]. 财贸经济，2017，38 (3)：131 -146.

[116] 张华. 地区间环境规制的策略互动研究——对环境规制非完全执行普遍性的解释 [J]. 中国工业经济，2016 (7)：74 -90.

[117] 张金俊. “诉苦型上访”：农民环境信访的一种分析框架 [J]. 南京工业大学学报 (社会科学版)，2014，13 (1)：78 -85.

[118] 张克中，欧阳洁，鲁元平，等. 河长制能否实现河长治？——中国“压力型体制”下的水污染治理 [C]//中国经济发展：改革开放 40 年与新时代——第十二届中华发展经济学年会会议论文摘要集. 2018.

[119] 张曼，屠梅曾. 排污权交易制度在中国的应用探析 [J]. 科学·经济·社会，2002 (4)：45 -50.

[120] 张平，张鹏鹏，蔡国庆. 不同类型环境规制对企业技术创新影响比较研究 [J]. 中国人口·资源与环境，2016，26 (4)：8 -13.

[121] 张诗晨，廖秀健. 重大决策社会稳定风险评估机制反思与完善——基于 30 起环境群体性事件的实证分析 [J]. 电子政务，2017 (4)：95 -105.

[122] 张为杰. 生态文明导向下中国的公众环境诉求与辖区政府环境政策回应 [J]. 宏观经济研究，2017 (1)：54 -61.

[123] 张文彬，张理芃，张可云. 中国环境规制强度省际竞争形态及其演变——基于两区制空间 Durbin 固定效应模型的分析 [J]. 管理世界，2010 (12)：34 -44.

[124] 张晓杰，赵可，娄成武. 公众参与对环境质量的影响机理 [J]. 城市问题，2017 (4)：84 -90.

[125] 赵民，刘婧. 城市规划中“公众参与”的社会诉求与制度保障——厦门市“PX 项目”事件引发的讨论 [J]. 城市规划学刊，2010 (3)：81 -86.

［126］赵树迪，周易，蔡银寅．邻避冲突视角下环境群体性事件的发生过程及处理研究［J］．中国人口·资源与环境，2017（6）：171－176.

［127］赵玉民，朱方明，贺立龙．环境规制的界定、分类与演进研究［J］．中国人口·资源与环境，2009，19（6）：85－90.

［128］郑丹，T. Kuroda. 城市基础设施水平如何影响居民工资收入：溢价还是折价［J］．南方经济，2017（1）：66－85.

［129］郑石明，雷翔，易洪涛．排污费征收政策执行力影响因素的实证分析——基于政策执行综合模型视角［J］．公共行政评论，2015，8（1）：29－52，198－199.

［130］郑思齐，符育明，任荣荣．居民对城市生活质量的偏好：从住房成本变动和收敛角度的研究［J］．世界经济文汇，2011（2）：35－51.

［131］郑思齐，万广华，孙伟增，罗党论．公众诉求与城市环境治理［J］．管理世界，2013（6）：78－90.

［132］钟茂初，姜楠．政府环境规制内生性的再检验［J］．中国人口·资源与环境，2017（12）：70－78.

［133］钟茂初，李梦洁，杜威剑．环境规制能否倒逼产业结构调整——基于中国省际面板数据的实证检验［J］．中国人口·资源与环境，2015，25（8）：107－115.

［134］钟若愚，屈沙．劳动力市场分割、就业机会不平等与城乡工资差异——基于中国综合社会调查（CGSS）数据的研究，北京工商大学学报（社会科学版），2019（6）：88－104.

［135］仲秋，施国庆．大众传媒：环境意识的建构者——基于10年统计数据的实证研究［J］．南京社会科学，2012（11）：63－67，73.

［136］周海华，王双龙．正式与非正式的环境规制对企业绿色创新

的影响机制研究［J］. 软科学，2016，30（8）：47－51.

［137］周浩，郑越. 环境规制对产业转移的影响——来自新建制造业企业选址的证据［J］. 南方经济，2015（4）：12－26.

［138］周黎安. 中国地方官员的晋升锦标赛模式研究［J］. 经济研究，2007（7）：37－51.

［139］周沂，贺灿飞，刘颖. 中国污染密集型产业地理分布研究［J］. 自然资源学报，2015，30（7）：1183－1196.

［140］周毅仁. "十一五"期间中国区域规划有关问题的思考和建议［J］. 地域研究与开发，2005，24（3）：1－5.

［141］周颖刚，蒙莉娜，卢琪. 高房价挤出了谁？——基于中国流动人口的微观视角［J］. 经济研究，2019（9）：106－122。

［142］朱海忠. 政治机会结构与农民环境抗争——苏北N村铅中毒事件的个案研究［J］. 中国农业大学学报（社会科学版），2013，30（1）：102－110.

［143］朱平芳，张征宇，姜国麟. FDI与环境规制：基于地方分权视角的实证研究［J］. 经济研究，2011，46（6）：133－145.

［144］踪家峰，李宁. 为什么奔向北上广？——城市宜居性、住房价格与工资水平的视角分析［J］. 吉林大学社会科学学报，2015，55（5）：12－23，171.

［145］Aghion P., Dewatripont M. and Rey P. Corporate Governance, Competition Policy and Industrial Policy［J］. European Economic Review, 1997, 41（3－5）：797－805.

［146］Allison T. Socioeconomic Assessment Guidance Report：Determining the Effects of Amenity Characteristics on Business Location Decisions［R］. Argonne National Lab., IL（United States）. Environmental Assessment and Information Sciences Div., 1993.

［147］Alpay E., Kerkvliet J. and Buccola S. Productivity Growth and

Environmental Regulation in Mexican and US Food Manufacturing [J]. American Journal of Agricultural Economics, 2002, 84 (4): 887-901.

[148] Ambec S., Barla P. Can Environmental Regulations be Good for Business? An Assessment of the Porter hypothesis [J]. Energy Studies Review, 2006, 14 (2): 42.

[149] Ambec S., Cohen M. A. and Elgie S. et al. The Porter Hypothesis at 20: Can Environmental Regulation Enhance Innovation and Competitiveness? [J]. Review of Environmental Economics and Policy, 2013, 7 (1): 2-22.

[150] Arimura T., Hibiki A. and Johnstone N. An Empirical Study of Environmental R&D: What Encourages Facilities to be Environmentally Innovative [J]. Environmental Policy and Corporate Behaviour, 2007: 142-173.

[151] Bache I., Bartle I. and Flinders M. Multi-level Governance [M]. Handbook on Theories of Governance. Edward Elgar Publishing, 2016.

[152] Bagne D. J. Principle of Demography [J]. Journal of the Royal Statistical Society, 1969 (4): 410.

[153] Baltagi B. H. Econometric Analysis of Panel Data [M]. New York: Wiley, 1995.

[154] Banzhaf H. S., Walsh R. P. Do People Vote with Their Feet? An Empirical Test of Tiebout [J]. American Economic Review, 2008, 98 (3): 843-863.

[155] Barbera A. J., McConnell V. D. Effects of Pollution Control on Industry Productivity: A Factor Demand Approach [J]. Journal of Industrial Economics, 1986: 161-172.

[156] Barbera A. J., McConnell V. D. The Impact of Environmental Regulations on Industry Productivity: Direct and Indirect effects [J]. Journal of Environmental Economics and Management, 1990, 18 (1): 50-65.

[157] Bartik T. J. The Effects of Environmental Regulation on Business Location in the United States [J]. Growth and Change, 1988, 19 (3): 22 – 44.

[158] Becker R. A. Air Pollution Abatement Costs under the Clean Air Act: Evidence from the PACE Survey [J]. Journal of Environmental Economics and Management, 2005, 50 (1): 144 – 169.

[159] Becker R. A. Local Environmental Regulation and Plant-level Productivity [J]. Ecological Economics, 2011, 70 (12): 2516 – 2522.

[160] Becker R., Henderson V. Effects of Air Quality Regulations on Polluting Industries [J]. Journal of Political Economy, 2000, 108 (2): 379 – 421.

[161] Beeson P. E. Amenities and Regional Differences in Returns to Worker Characteristics [J]. Journal of Urban Economics, 1991, 30 (2): 224 – 241.

[162] Berman E., Bui L. T. M. Environmental Regulation and Labor Demand: Evidence from the South Coast Air Basin [J]. Journal of Public Economics, 2001, 79 (2): 265 – 295.

[163] Berman E., Bui L. T. M. Environmental Regulation and Productivity: Evidence from Oil Refineries [J]. Review of Economics and Statistics, 2001, 83 (3): 498 – 510.

[164] Bitat A. Environmental Regulation and Eco-innovation: the Porter Hypothesis Refined [J]. Eurasian Business Review, 2018, 8 (3): 299 – 321.

[165] Blomquist G. C., Berger M. C. and Hoehn J. P. New Estimates of Quality of life in Urban Areas [J]. American Economic Review, 1988: 89 – 107.

[166] Boldo E., Medina S. and Le Tertre A. et al. Apheis: Health Impact Assessment of Long-term Exposure to PM 2.5 in 23 European Cities

[J]. European Journal of Epidemiology, 2006, 21 (6): 449 –458.

[167] Borensztein E., De Gregorio J. and Lee J. W. How Does Foreign Direct Investment Affect Economic Growth? [J]. Journal of International Economics, 1998, 45 (1): 115 –135.

[168] Boyd G. A., McClelland J. D. The Impact of Environmental Constraints on Productivity Improvement in Integrated Paper Plants [J]. Journal of Environmental Economics and Management, 1999, 38 (2): 121 –142.

[169] Brouhle K., Graham B. and Harrington D. R. Innovation under the Climate Wise program [J]. Resource and Energy Economics, 2013, 35 (2): 91 –112.

[170] Brown S. P. A., Hayes K. J. and Taylor L. L. State and Local Policy, Factor Markets, and Regional Growth [J]. Review of Regional Studies, 2003, 33 (1): 40 –60.

[171] Brunnermeier S. B., Cohen M. A. Determinants of Environmental Innovation in US Manufacturing Industries [J]. Journal of Environmental Economics and Management, 2003, 45 (2): 278 –293.

[172] Brunnermeier S. B., Levinson A. Examining the Evidence on Environmental Regulations and Industry Location [J]. Journal of Environment & Development, 2004, 13 (1): 6 –41.

[173] Buttel F. H. Twentieth Century Agriculture-environmental Transitions: A Preliminary Analysis [J]. Research in Rural Sociology and Development (USA), 1995.

[174] Cai H., Chen Y. and Gong Q. Polluting thy Neighbor: Unintended Consequences of China's Pollution Reduction Mandates [J]. Journal of Environmental Economics and Management, 2016 (76): 86 –104.

[175] Cassells S. M., Meister A. D. Cost and Trade Impacts of Environmental Regulations: Effluent Control and the New Zealand Dairy Sector

[J]. Australian Journal of Agricultural and Resource Economics, 2001, 45 (2): 257 - 274.

[176] Chakraborty P. Chatterjee C. Does Environmental Regulation Indirectly Induce Upstream Innovation? New Evidence from India [J]. Research Policy, 2017, 46 (5): 939 - 955.

[177] Chen S., Oliva P. and Zhang P. The Effect of Air Pollution on Migration: Evidence from China [R]. National Bureau of Economic Research, 2017.

[178] Chen X., Chi G. Natural Beauty, Money, and the Distribution of Talent: A Local-level Panel Data Analysis [J]. Population Research and Policy Review, 2012, 31 (5): 665 - 681.

[179] Chen Y., Ebenstein A. and Greenstone M. et al. Evidence on the Impact of Sustained Exposure to Air Pollution on Life Expectancy from China's Huai River policy [J]. Proceedings of the National Academy of Sciences, 2013, 110 (32): 12936 - 12941.

[180] Chen Y., Rosenthal S. S. Local Amenities and Life-cycle Migration: Do People Move for Jobs or Fun? [J]. Journal of Urban Economics, 2008, 64 (3): 519 - 537.

[181] Chi G., Marcouiller D. W. Isolating the Effect of Natural Amenities on Population Change at the Local Level [J]. Regional Studies, 2011, 45 (4): 491 - 505.

[182] Chi G., Marcouiller D. W. Natural Amenities and their Effects on Migration along the Urban-rural Continuum [J]. Annals of Regional Science, 2013, 50 (3): 861 - 883.

[183] Chowdhury P. R. The Porter Hypothesis and Hyperbolic Discounting [R]. EERI Research Paper Series, 2010.

[184] Christainsen G. B., Haveman R. H. The Contribution of Envi-

ronmental Regulations to the Slowdown in Productivity Growth [J]. Journal of Environmental Economics and Management, 1981, 8 (4): 381 -390.

[185] Cieślik A. Regional Characteristics and the Location of Foreign Firms within Poland [J]. Applied Economics, 2005, 37 (8): 863 -874.

[186] Clark T. N., Lloyd R. and Wong K. K. et al. Amenities Drive Urban Growth [J]. Journal of Urban Affairs, 2002, 24 (5): 493 -515.

[187] Cole M. A., Elliott R. J. R. and Fredriksson P. G. Endogenous pollution Havens: Does FDI Influence Environmental Regulations? [J]. Scandinavian Journal of Economics, 2006, 108 (1): 157 -178.

[188] Cole M. A., Elliott R. J. R. and Okubo T. et al. The Carbon Dioxide Emissions of Firms: A Spatial Analysis [J]. Journal of Environmental Economics and Management, 2013, 65 (2): 290 -309.

[189] Cole M. A., Elliott R. J. R. and Shimamoto K. Why the Grass is not always Greener: the Competing Effects of Environmental Regulations and Factor Intensities on US Specialization [J]. Ecological Economics, 2005, 54 (1): 95 -109.

[190] Cole M. A., Elliott R. J. R. Do Environmental Regulations Influence Trade Patterns? Testing Old and New Trade Theories [J]. World Economy, 2003, 26 (8): 1163 -1186.

[191] Cole M. A., Fredriksson P. G. Institutionalized Pollution Havens [J]. Ecological Economics, 2009, 68 (4): 1239 -1256.

[192] Copeland B. R., Taylor M. S. North-South Trade and the Environment [J]. The quarterly Journal of Economics, 1994, 109 (3): 755 -787.

[193] Copeland B. R., Taylor M. S. Trade, Growth, and The environment [J]. Journal of Economic literature, 2004, 42 (1): 7 -71.

[194] Cropper M. L., Arriaga-Salinas A. S. Inter-city Wage Differentials and the Value of Air Quality [J]. Journal of Urban Economics, 1980,

8 (2): 236 -254.

[195] Cumberland J. H. Efficiency and Equity in Interregional Environmental Management [J]. Review of Regional Studies, 1980, 10 (2): 1 -9.

[196] Dahlberg M., Eklof M., Fredriksson P. and Jofre-Monseny J. Estimating Preferences for Local Public Services using Migration Data [J]. Urban Studies, 2012, 49 (2): 319 -336.

[197] Dalenberg D. R., Partridge M. D. Public Infrastructure and Wages: Public Capital's Role as a Productive Input and Household Amenity [J]. Land Economics, 1997: 268 -284.

[198] Dean J. M., Lovely M. E. and Wang H. Are Foreign Investors attracted to Weak Environmental Regulations? Evaluating the Evidence from China [J]. Journal of Development Economics, 2009, 90 (1): 1 -13.

[199] Deller S. C., Tsai S. H., Marcouiller D. W. and English D. B. K. The Role of Amenities and Quality of Life in Rural Economic Growth [J]. American Journal of Agricultural Economics, 2001, 83 (2): 352 -365.

[200] Di Addario S., Patacchini E. Wages and the City. Evidence from Italy [J]. Labour Economics, 2008, 15 (5): 1040 -1061.

[201] Dimou M. Do Local Amenities Affect Urban Wage Premium? Some Evidence from the Greek Case [J]. Sustainable Cities and Society, 2012, 2 (1): 63 -69.

[202] Dorfman J. H., Mandich A. M. Senior Migration: Spatial Considerations of Amenity and Health Access Drivers [J]. Journal of Regional Science, 2016, 56 (1): 96 -133.

[203] Dorfman J. H., Partridge M. D. and Galloway H. Do Natural Amenities Attract High-tech jobs? Evidence from a Smoothed Bayesian Spatial model [J]. Spatial Economic Analysis, 2011, 6 (4): 397 -422.

[204] Du J., Lu Y. and Tao Z. Economic Institutions and FDI Location

Choice: Evidence from US Multinationals in China [J]. Journal of Comparative Economics, 2008, 36 (3): 412-429.

[205] Dyck A., Volchkova N. and Zingales L. The Corporate Governance Role of the Media: Evidence from Russia [J]. The Journal of Finance, 2008, 63 (3): 1093-1135.

[206] Dyck A., Zingales L. The Corporate Governance Role of the Media [J]. The Right to Tell: The Role of Mass Media in Economic Development, 2002: 107-137.

[207] Ederington J., Levinson A. and Minier J. Footloose and Pollution-free [J]. Review of Economics and Statistics, 2005, 87 (1): 92-99.

[208] Ederington J., Levinson A. and Minier J. Trade Liberalization and Pollution Havens [J]. Advances in Economic Analysis & Policy, 2004, 3 (2).

[209] Ederington J., Minier J. Is Environmental Policy a Secondary trade Barrier? An Empirical analysis [J]. Canadian Journal of Economics/Revue Canadienne d'économique, 2003, 36 (1): 137-154.

[210] Eiadat Y., Kelly A. and Roche F. et al. Green and Competitive? An Empirical Test of the Mediating Role of Environmental Innovation Strategy [J]. Journal of World Business, 2008, 43 (2): 131-145.

[211] Elbers C., Withagen C. Environmental Policy, Population dynamics and Agglomeration [J]. Contributions in Economic Analysis & Policy, 2004, 3 (2).

[212] Engel K. H. State Environmental Standard-setting: Is There a Race and is it to the Bottom [J]. Hastings L. J., 1996 (48): 271.

[213] Feng C., Li J. and Sun W. et al. Impact of Ambient Fine Particulate Matter (PM 2.5) Exposure on the Risk of Influenza-like-illness: A Time-series Analysis in Beijing, China [J]. Environmental Health, 2016,

15 (1): 17.

[214] Feng G. F., Dong M. and Wen J. et al. The Impacts of Environmental Governance on Political Turnover of Municipal Party Secretary in China [J]. Environmental Science and Pollution Research, 2018, 25 (25): 24668 -24681.

[215] Féres J., Reynaud A. Assessing the Impact of Formal and Informal Regulations on Environmental and Economic Peformance of Brazilian Manufacturing Firms. Environmental Resource Economics, 2012 (52): 65 -85.

[216] Figlio D. N., Kolpin V. W. and Reid W. E. Do States Play Welfare Games? [J]. Journal of Urban Economics, 1999, 46 (3): 437 -454.

[217] Florida R. The Economic Geography of Talent [J]. Annals of the Association of American Geographers, 2002, 92 (4): 743 -755.

[218] Florida R. The Rise of the Creative Class [J]. Regional Science and Urban Economics, 2005, 35 (5): 593 -596.

[219] Florida R. The Rise of the Creative Class - revisited: Revised and Expanded [M]. Basic Books (AZ), 2014.

[220] Fredriksson P. G., Mani M. Trade Integration and Political Turbulence: Environmental Policy Consequences [J]. Advances in Economic Analysis & Policy, 2004, 3 (2).

[221] Fredriksson P. G., Millimet D. L. Strategic Interaction and the Determination of Environmental Policy across US States [J]. Journal of Urban Economics, 2002, 51 (1): 101 -122.

[222] Freudenburg W. R. Addictive Economies: Extractive Industries and Vulnerable Localities in a Changing World Economy [J]. Rural Sociology, 1992, 57 (3): 305 -332.

[223] Friedman J., Gerlowski D. A. and Silberman J. What Attracts Foreign Multinational Corporations? Evidence from Branch Plant Location in the

United States [J]. Journal of Regional Science, 1992, 32 (4): 403 -418.

[224] Gabriel S. A., Rosenthal S. S. Location and the Effect of Demographic Traits on Earnings [J]. Regional Science and Urban Economics, 1999, 29 (4): 445 -461.

[225] Glaeser E. L., Gottlieb J. D. Urban Resurgence and the Consumer city [J]. Urban Studies, 2006, 43 (8): 1275 -1299.

[226] Glaeser E. L., Tobio K. The Rise of the Sunbelt [R]. National Bureau of Economic Research, 2007.

[227] Glaeser E. L. Urban Growth and Housing Supply [J]. Journal of Economic Geography, 2006, 6 (1): 71 -89.

[228] Goetz S. J., Rupasingha A. Determinants of Growth in Non-farm proprietor Densities in the US, 1990 -2000 [J]. Small Business Economics, 2009, 32 (4): 425 -438.

[229] Gollop F. M., Roberts M. J. Environmental Regulations and Productivity Growth: The Case of Fossil-fueled Electric Power Generation [J]. Journal of Political Economy, 1983, 91 (4): 654 -674.

[230] Golombek R., Hoel M. Unilateral Emission Reductions and Cross-country Technology Spillovers [J]. Advances in Economic Analysis & Policy, 2004, 3 (2).

[231] Gore A. Earth in the Balance: Ecology and the Human Spirit [J]. Journal of Leisure Research, 1993, 25 (2): 218.

[232] Gottlieb P. D. Residential Amenities, Firm Location and Economic Development [J]. Urban Studies, 1995, 32 (9): 1413 -1436.

[233] Graves P. E., Linneman P. Household Migration: Theoretical and Empirical Result [J]. Journal of Urban Economics, 1979, 6 (3): 383 -404.

[234] Graves P. E. Migration with a Composite Amenity: the Role of Rents [J]. Journalof Regional Science, 1983, 23 (4): 541 -546.

［235］ Gray W. B. , Shadbegian R. J. and Wang C. et al. Do EPA Regulations Affect Labor Demand? Evidence from the Pulp and Paper Industry ［J］. Journal of Environmental Economics and Management, 2014, 68 (1): 188 –202.

［236］ Gray W. B. , Shadbegian R. J. Plant Vintage, Technology, and Environmental Regulation ［J］. Journal of Environmental Economics and Management, 2003, 46 (3): 384 –402.

［237］ Gray W. B. , Shadbegian R. J. Pollution Abatement Costs, Regulation, and Plant-Level Productivity ［R］. National Bureau of Economic Research, 1995.

［238］ Gray W. B. Manufacturing Plant Location: Does State Pollution Regulation Matter? ［R］. National Bureau of Economic Research, 1997.

［239］ Gray W. B. The Cost of Regulation: OSHA, EPA and the Productivity Slowdown ［J］. American Economic Review, 1987, 77 (5): 998 –1006.

［240］ Greaney T. M. , Li Y. and Tu D. Pollution Control and Foreign Firms' Exit Behavior in China ［J］. Journal of Asian Economics, 2017 (48): 148 –159.

［241］ Greenstone M. The Impacts of Environmental Regulations on Industrial Activity: Evidence from the 1970 and 1977 Clean Air Act Amendments and the Census of Manufactures ［J］. Journal of Political Economy, 2002, 110 (6): 1175 –1219.

［242］ Grossman G. M. , Krueger A. B. Environmental Impacts of a North American free Trade Agreement ［R］. National Bureau of Economic Research, 1991.

［243］ Gurran N. The Turning Tide: Amenity Migration in Coastal Australia ［J］. International Planning Studies, 2008, 13 (4): 391 –414.

［244］ Gustafson E. J. , Hammer R. B. and Radeloff V. C. et al. The

Relationship between Environmental Amenities and Changing Human Settlement Patterns between 1980 and 2000 in the Midwestern USA [J]. Landscape Ecology, 2005, 20 (7): 773 – 789.

[245] Hamamoto M. Environmental Regulation and the Productivity of Japanese Manufacturing Industries [J]. Resource and Energy Economics, 2006, 28 (4): 299 – 312.

[246] Hansen H. K., Niedomysl T. Migration of the Creative Class: Evidence from Sweden [J]. Journal of Economic Geography, 2009, 9 (2): 191 – 206.

[247] He J. Pollution Haven Hypothesis and Environmental Impacts of Foreign Direct Investment: The case of Industrial Emission of Sulfur Dioxide (SO_2) in Chinese Provinces [J]. Ecological Economics, 2006, 60 (1): 228 – 245.

[248] Henderson V. Effects of Air Quality Regulation [R]. National Bureau of Economic Research, 1995.

[249] Hernάndez-Murillo R. Strategic Interaction in Tax Policies among States [R]. Federal Reserve Bank of St. Louis Review, 2003, 85 (3): 47 – 56.

[250] Hille E., Althammer W. and Diederich H. Environmental Regulation and Innovation in Renewable Energy Technologies: Does the Policy Instrument Matter? [J]. Technological Forecasting and Social Change, 2020 (153): 119 – 921.

[251] Hong J. The Role of Amenities in a Regional Economy: A Meta-analysis Approach [J]. Journal of Rural Development, 2011, 34 (5): 91 – 116.

[252] Iraldo F., Testa F. and Frey M. Is an Environmental Management System Able to Influence Environmental and Competitive Performance? The

Case of the Eco-management and Audit Scheme (EMAS) in the European Union [J]. Journal of Cleaner Production, 2009, 17 (16): 1444 – 1452.

[253] Jaffe A. B., Newell R. G. and Stavins R. N. Environmental Policy and Technological Change [J]. Environmental and Resource Economics, 2002, 22 (1 – 2): 41 – 70.

[254] Jaffe A. B., Palmer K. Environmental Regulation and Innovation: A Panel Data Study [J]. Review of Economics and Statistics, 1997, 79 (4): 610 – 619.

[255] Jaffe A. B., Peterson S. R. and Portney P. R. et al. Environmental Regulation and the Competitiveness of US Manufacturing: What Does the Evidence Tell Us? [J]. Journal of Economic Literature, 1995, 33 (1): 132 – 163.

[256] Javorcik B. S., Wei S. J. Pollution Havens and Foreign Direct investment: Dirty Secret or Popular Myth? [J]. Contributions in Economic Analysis & Policy, 2004, 3 (2).

[257] Jeppesen T., List J. A. and Folmer H. Environmental Regulations and New Plant Location Decisions: Evidence from a Meta-analysis [J]. Journal of Regional Science, 2002, 42 (1): 19 – 49.

[258] Jim C. Y., Chen W. Y. Impacts of Urban Environmental Elements on Residential Housing Prices in Guangzhou (China) [J]. Landscape and Urban Planning, 2006, 78 (4): 422 – 434.

[259] Johnstone N., Hascic I. and Popp D. Renewable Energy Policies and Technological Innovation: Evidence Based on Patent Counts [J]. Environmental and Resource Economics, 2010, 45 (1): 133 – 155.

[260] Kahn M. E., Walsh R. Cities and the Environment [M]//Handbook of Regional and Urban Economics. Elsevier, 2015 (5): 405 – 465.

[261] Kahsai M. S., Gebremedhin T. G. and Schaeffer P. V. A Spatial

Analysis of Amenity and Regional Economic Growth in Northeast Region [J]. Review of Urban & Regional Development Studies, 2011, 23 (2-3): 77-93.

[262] Kathuria V. Informal Regulation of Pollution in a Developing Country: Evidence from India [J]. Ecological Economics, 2007, 63 (2-3): 403-417.

[263] Knapp T. A., Gravest P. E. On the Role of Amenities in Models of Migration and Regional Development [J]. Journal of Regional Science, 1989, 29 (1): 71-87.

[264] Kong F., Yin H. and Nakagoshi N. Using GIS and Landscape metrics in the Hedonic Price Modeling of the Amenity Value of Urban Green Space: A Case Study in Jinan City, China [J]. Landscape and Urban Planning, 2007, 79 (3-4): 240-252.

[265] Konisky D. M. Regulatory Competition and Environmental Enforcement: Is There a Race to the Bottom? [J]. American Journal of Political Science, 2007, 51 (4): 853-872.

[266] Krugman P. What's New about the New Economic Geography? [J]. Oxford Review of Economic Policy, 1998, 14 (2): 7-17.

[267] Kunce M., Shogren J. F. On Interjurisdictional Competition and Environmental Federalism [J]. Journal of Environmental Economics and Management, 2005, 50 (1): 212-224.

[268] Langpap C., Shimshack J. P. Private Citizen Suits and Public Enforcement: Substitutes or Complements? [J]. Journal of Environmental Economics and Management, 2010, 59 (3): 235-249.

[269] Lanjouw J. O., Mody A. Innovation and the International Diffusion of Environmentally Responsive Technology [J]. Research Policy, 1996, 25 (4): 549-571.

[270] Lanoie P., Laurent-Lucchetti J. and Johnstone N. et al. Environmental Policy, Innovation and Performance: new Insights on the Porter Hypothesis [J]. Journal of Economics & Management Strategy, 2011, 20 (3): 803 - 842.

[271] Lanoie P., Patry M. and Lajeunesse R. Environmental Regulation and Productivity: Testing the Porter hypothesis [J]. Journal of Productivity Analysis, 2008, 30 (2): 121 - 128.

[272] Larson B. A., Nicolaides E. and Al Zu'bi B. et al. The Impact of Environmental Regulations on Exports: Case Study Results from Cyprus, Jordan, Morocco, Syria, Tunisia, and Turkey [J]. World Development, 2002, 30 (6): 1057 - 1072.

[273] Lee M. The Effect of Environmental Regulations: a Restricted Cost Function for Korean Manufacturing Industries [J]. Environment and Development Economics, 2007, 12 (1): 91 - 104.

[274] Levinson A., Taylor M. S. Unmasking the Pollution Haven Effect [J]. International Economic Review, 2008, 49 (1): 223 - 254.

[275] Levinson A. Environmental Regulations and Manufacturers' Location Choices: Evidence from the Census of Manufactures [J]. Journal of Public Economics, 1996, 62 (1 - 2): 5 - 29.

[276] Levinson A. Environmental Regulatory Competition: A Status Report and Some New Evidence [J]. National Tax Journal, 2003, 56 (1): 91 - 106.

[277] Li B., Wu S. Effects of Local and Civil Environmental Regulation on Green Total Factor Productivity in China: A Spatial Durbin Econometric Analysis [J]. Journal of Cleaner Production, 2017 (153): 342 - 353.

[278] Li H., Zhou L. A. Political Turnover and Economic Performance: the Incentive Role of Personnel Control in China [J]. Journal of Pub-

lic Economics, 2005, 89 (9-10): 1743-1762.

[279] Lian T., Ma T. and Cao J. et al. The Effects of Environmental Regulation on the Industrial Location of China's Manufacturing [J]. Natural Hazards, 2016, 80 (2): 1381-1403.

[280] Lin H., Guo Y. and Kowal P. et al. Exposure to Air Pollution and Tobacco Smoking and their Combined Effects on Depression in Six Low-and middle-income Countries [J]. The British Journal of Psychiatry, 2017, 211 (3): 157-162.

[281] List J. A., Co C. Y. The Effects of Environmental Regulations on Foreign Direct Investment [J]. Journal of Environmental Economics and Management, 2000, 40 (1): 1-20.

[282] List J. A. US County-level Determinants of Inbound FDI: Evidence from A Two-step modified Count Data Model [J]. International Journal of Industrial Organization, 2001, 19 (6): 953-973.

[283] Liu M., Shadbegian R. and Zhang B. Does Environmental Regulation Affect Labor Demand in China? Evidence from the Textile Printing and Dyeing Industry [J]. Journal of Environmental Economics and Management, 2017 (86): 277-294.

[284] Liu Y., Shen J. Jobs or Amenities? Location Choices of Interprovincial Skilled Migrants in China, 2000-2005 [J]. Population, Space and Place, 2014, 20 (7): 592-605.

[285] López-Gamero M. D., Molina-Azorín J. F. and Claver-Cortés E. The Potential of Environmental Regulation to Change Managerial Perception, Environmental Management, Competitiveness and Financial Performance [J]. Journal of Cleaner Production, 2010, 18 (10-11): 963-974.

[286] Managi S., Opaluch J. J. and Jin D. et al. Environmental Regulations and Technological Change in the Offshore Oil and Gas Industry [J].

Land Economics, 2005, 81 (2): 303 -319.

[287] Mani M., Wheeler D. In Search of Pollution Havens? Dirty Industry In the World Economy, 1960 to 1995 [J]. The Journal of Environment & Development, 1998, 7 (3): 215 -247.

[288] Markusen A. Urban Development and the Politics of a Creative class: Evidence from a Study of Artists [J]. Environment and Planning A, 2006, 38 (10): 1921 -1940.

[289] Maung M., Wilson C. and Tang X. Political Connections and Industrial Pollution: Evidence Based on State Ownership and Environmental Levies in China [J]. Journal of Business Ethics, 2016, 138 (4): 649 -659.

[290] McAusland C. Environmental Regulation as Export Promotion: Product Standards for Dirty Intermediate Goods [J]. Contributions in Economic Analysis & Policy, 2004, 3 (2).

[291] McConnell V. D., Schwab R. M. The Impact of Environmental Regulation on Industry Location Decisions: The Motor Vehicle Industry [J]. Land Economics, 1990, 66 (1): 67 -81.

[292] McKean J. R., Johnson D. M. and Johnson R. L. et al. Can Superior Natural Amenities Create High-quality Employment Opportunities? The Case of Nonconsumptive River Recreation in Central Idaho [J]. Society and Natural Resources, 2005, 18 (8): 749 -758.

[293] Mol A. P., Carter N. China's Environmental Governance in Transition [J] . Environmental Politics, 2006 (15): 149 -170.

[294] Morgan O. A., Condliffe S. Spatial Heterogeneity in Environmental Regulation Enforcement and the Firm Location Decision among US Counties [J]. Review of Regional Studies, 2009, 39 (3): 239 -252.

[295] Oates W. E., Portney P. R. The Political Economy of Environmental Policy [M]//Handbook of environmental economics. Elsevier, 2003

(1)：325 -354.

[296] Oates W. E., Schwab R. M. Economic Competition among Jurisdictions: Efficiency Enhancing or Distortion Inducing? [J]. Journal of Public Economics, 1988, 35 (3): 333 -354.

[297] Oates W. E. An Essay on Fiscal Federalism [J]. Journal of Economic Literature, 1999, 37 (3): 1120 -1149.

[298] Palmer K., Oates W. E. and Portney P. R. Tightening Environmental Standards: the Benefit-cost or the No-cost Paradigm? [J]. Journal of Economic Perspectives, 1995, 9 (4): 119 -132.

[299] Pang R., Zheng D. and Shi M. et al. Pollute first, Control later? Exploring the Economic Threshold of Effective Environmental Regulation in China's context [J]. Journal of Environmental Management, 2019, 248: 109 -275.

[300] Paredes D. The Role of Human Capital, Market Potential and Natural Amenities in Understanding Spatial Wage Disparities in Chile [J]. Spatial Economic Analysis, 2013, 8 (2): 154 -175.

[301] Partridge M. D. The Duelling Models: NEG vs Amenity Migration in Explaining US Engines of Growth [J]. Papers in Regional Science, 2010, 89 (3): 513 -536.

[302] Peltzman S., Tideman T. N. Local Versus National Pollution Control: Note [J]. The American Economic Review, 1972, 62 (5): 959 -963.

[303] Popp D. Pollution Control Innovations and the Clean Air Act of 1990 [J]. Journal of Policy Analysis and Management, 2003, 22 (4): 641 -660.

[304] Porter M. E., Van der Linde C. Toward a New Conception of the Environment-competitiveness Relationship [J]. Journal of Economic Perspectives, 1995, 9 (4): 97 -118.

[305] Porter M. E. America's Green Strategy [J]. Reader in Business and the Environment, 1991, 33.

[306] Potoski M. Clean air federalism: Do States Race to the Bottom? [J]. Public Administration Review, 2001, 61 (3): 335 –343.

[307] Puga D. The Rise and Fall of Regional Inequalities [J]. European Economic Review, 1999, 43 (2): 303 –334.

[308] Pui D. Y. H., Chen S. C. and Zuo Z. PM2.5 in China: Measurements, Sources, Visibility and Health Effects, and Mitigation [J]. Particuology, 2014 (13): 1 –26.

[309] Qin Y., Zhu H. Run away? Air Pollution and Emigration Interests in China [J]. Journal of Population Economics, 2018, 31 (1): 235 –266.

[310] Ramanathan R., He Q. and Black A. et al. Environmental Regulations, Innovation and Firm Performance: A Revisit of the Porter Hypothesis [J]. Journal of Cleaner Production, 2017 (155): 79 –92.

[311] Rappaport J. The Increasing Importance of Quality of Life [J]. Journal of Economic Geography, 2009, 9 (6): 779 –804.

[312] Raspiller S., Riedinger N. Do Environmental Regulations Influence the Location Behavior of French Firms? [J]. Land Economics, 2008, 84 (3): 382 –395.

[313] Ratnayake R., Wydeveld M. The Mulitnational Corporation and the Environment: Testing the Pollution Haven Hypothesis [J]. 1998.

[314] Regibeau P. M., Gallegos A. Managed Trade, Trade Liberalisation and Local Pollution [J]. Advances in Economic Analysis & Policy, 2004, 3 (2).

[315] Renard M. F., Xiong H. Strategic Interactions in Environmental Regulation Enforcement: Evidence from Chinese provinces [J]. 2012.

[316] Rickman D. S., Rickman S. D. Population Growth in High-a-

menity Nonmetropolitan Areas: What's the Prognosis? [J]. Journal of Regional Science, 2011, 51 (5): 863-879.

[317] Roback J. Wages, Rents, and the Quality of Life [J]. Journal of Political Economy, 1982, 90 (6): 1257-1278.

[318] Rosen S. Hedonic Prices and Implicit Markets: Product Differentiation in Pure Competition [J]. Journal of Political Economy, 1974, 82 (1): 34-55.

[319] Rosen S. Wage-based Indexes of Urban Quality of Life [J]. Current Issues in Urban Economics, 1979: 74-104.

[320] Ruan J., Zhang X. "Flying geese" in China: The Textile and apparel Industry's Pattern of Migration [J]. Journal of Asian Economics, 2014 (34): 79-91.

[321] Schaeffer Y., Dissart J. C. Natural and Environmental Amenities: A Review of Definitions, Measures and Issues [J]. Ecological Economics, 2018 (146): 475-496.

[322] Seresinhe C. I., Preis T. and MacKerron G. et al. Happiness Is Greater in More Scenic Locations [J]. Scientific Reports, 2019, 9 (1): 1-11.

[323] Shadbegian R. J., Gray W. B. Pollution Abatement Expenditures and Plant-level Productivity: a Production Function Approach [J]. Ecological Economics, 2005, 54 (2-3): 196-208.

[324] Shen J., Wei Y. D. and Yang Z. The Impact of Environmental Regulations on the Location of Pollution-intensive Industries in China [J]. Journal of Cleaner Production, 2017 (148): 785-794.

[325] Shi H., Zhang L. China's Environmental Governance of Rapid Industrialisation [J]. Environmental Politics, 2006, 15 (2): 271-292.

[326] Sigman H. Letting States Do the Dirty Work: State Responsibili-

ty for Federal Environmental Regulation [R]. National Bureau of Economic Research, 2003.

[327] Smith J. B., Sims W. A. The Impact of Pollution Charges on Productivity Growth in Canadian Brewing [J]. The Rand Journal of Economics, 1985: 410-423.

[328] Stock J. H., Wright J. H. and Yogo M. A Survey of Weak Instruments and Weak Identification in Generalized Method of Moments [J]. Journal of Business & Economic Statistics, 2002, 20 (4): 518-529.

[329] Tang J. Testing the Pollution Haven Effect: Does the Type of FDI matter? [J]. Environmental and Resource Economics, 2015, 60 (4): 549-578.

[330] Taylor M. S. Unbundling the Pollution Haven Hypothesis [J]. Advances in Economic Analysis & Policy, 2004, 3 (2).

[331] Teng M. J., Wu S. Y. and Chou S. J. H. Environmental Commitment and Economic Performance-short-term Pain for Long-term gain [J]. Environmental Policy and Governance, 2014, 24 (1): 16-27.

[332] Testa F., Iraldo F. and Frey M. The Effect of Environmental Regulation on Firms' Competitive Performance: The Case of the Building & Construction Sector in Some EU Regions [J]. Journal of Environmental Management, 2011, 92 (9): 2136-2144.

[333] Thompson E. C., Hammond G. W. and Weiler S. Amenities, Local Conditions, and Fiscal Determinants of Factor Growth in Rural America [J]. Available at SSRN 912797, 2006.

[334] Tobey J. A. The Effects of Domestic Environmental Policies on Patterns of World Trade: An Empirical Test [J]. Kyklos, 1990, 43 (2): 191-209.

[335] Tong Z. Reflections on Environmental Mass Incidents in China

[M]//The China Environment Yearbook,Volume 3. Brill, 2009: 235 -248.

[336] Triebswetter U., Wackerbauer J. Integrated Environmental Product Innovation in the Region of Munich and Its Impact on Company Competitiveness [J]. Journal of Cleaner Production, 2008, 16 (14): 1484 -1493.

[337] Tu G., Abildtrup J. and Garcia S. Preferences for Urban Green Spaces and Peri-urban Forests: An Analysis of Stated Residential Choices [J]. Landscape and Urban Planning, 2016 (148): 120 -131.

[338] Ullman E. L. Amenities as a Factor in Regional Growth [J]. Geographical Review, 1954, 44 (1): 119 -132.

[339] Valadez G. V., Hu J. Relationship between the Environment and Economic Growth in China Via Exports: a Perspective of Ecological Impact (2000 -2014) [J]. Journal of Environmental Protection, 2016, 7 (11): 1670 -1692.

[340] Venables T. Economic Policy and the Manufacturing Base: Hysteresis in Location [R]. Dynamic Issues in Commercial Policy Analysis, CEPR and Cambridge University Press, 1999: 177 -195.

[341] Wagner U. J., Timmins C. D. Agglomeration effects in Foreign direct Investment and the Pollution Haven Hypothesis [J]. Environmental and Resource Economics, 2009, 43 (2): 231 -256.

[342] Walley N., Whitehead B. It's not Easy Being Green [J]. Harvard Business Review, 1994, 72 (3): 46 -51.

[343] Walter I., Ugelow J. L. Environmental Policies in Developing Countries [J]. Ambio, 1979: 102 -109.

[344] Wang C., Lin Z. Environmental Policies in China over the Past 10 Years: Progress, Problems and Prospects [J]. Procedia Environmental Sciences, 2010 (2): 1701 -1712.

[345] Wang C., Wu J. J. Natural Amenities, Increasing Returns and

Urban Development [J]. Journal of Economic Geography, 2011, 11 (4): 687 -707.

[346] Wang H., Jin Y. Industrial Ownership and Environmental Performance: Evidence from China [M]. The World Bank, 2002.

[347] Wang H., Mamingi N. and Laplante B. et al. Incomplete Enforcement of Pollution Regulation: Bargaining Power of Chinese Factories [J]. Environmental and Resource Economics, 2003, 24 (3): 245 -262.

[348] Wang H., Wheeler D. Financial Incentives and Endogenous Enforcement in China's Pollution Levy System [J]. Journal of Environmental Economics and Management, 2005, 49 (1): 174 -196.

[349] Wheeler D., Pargal S. Informal Regulation of Industrial Pollution in Developing Countries: Evidence from Indonesia [M]. The World Bank, 1999.

[350] Woods N. D. Interstate Competition and Environmental Regulation: a Test of the Race-to-the-bottom thesis [J]. Social Science Quarterly, 2006, 87 (1): 174 -189.

[351] Wu H., Guo H. and Zhang B. et al. Westward Movement of New Polluting Firms in China: Pollution Reduction Mandates and Location Choice [J]. Journal of Comparative Economics, 2017, 45 (1): 119 -138.

[352] Wu X. Pollution Havens and the Regulation of Multinationals with Asymmetric Information [J]. Contributions in Economic Analysis & Policy, 2004, 3 (2).

[353] Xepapadeas A., de Zeeuw A. Environmental Policy and Competitiveness: the Porter Hypothesis and the Composition of Capital [J]. Journal of Environmental Economics and Management, 1999, 37 (2): 165 182.

[354] Xie R., Yuan Y. and Huang J. Different Types of Environmental Regulations and Heterogeneous Influence on "green" Productivity: Evidence

from China [J]. Ecological Economics, 2017 (132): 104 - 112.

[355] Xing C., Zhang J. The Preference for Larger Cities in China: Evidence from Rural-urban Migrants [J]. China Economic Review, 2017 (43): 72 - 90.

[356] Xing Y., Kolstad C. D. Do lax Environmental Regulations Attract Foreign Investment? [J]. Environmental and Resource Economics, 2002, 21 (1): 1 - 22.

[357] Yin J., Zheng M. and Chen J. The Effects of Environmental Regulation and Technical Progress on CO_2 Kuznets curve: An Evidence from China [J]. Energy Policy, 2015 (77): 97 - 108.

[358] Yu N., de Roo G. and De Jong M. et al. Does the Expansion of A Motorway Network Lead to Economic Agglomeration? Evidence from China [J]. Transport Policy, 2016 (45): 218 - 227.

[359] Zeng D. Z., Zhao L. Pollution Havens and Industrial Agglomeration [J]. Journal of Environmental Economics and Management, 2009, 58 (2): 141 - 153.

[360] Zhang B., Bi J. and Yuan Z. et al. Why do Firms Engage in Environmental Management? An Empirical Study in China [J]. Journal of Cleaner Production, 2008, 16 (10): 1036 - 1045.

[361] Zhang K. H. How does Foreign Direct Investment Affect Economic Growth in China? [J]. Economics of Transition, 2001, 9 (3): 679 - 693.

[362] Zhao X., Liu C. and Yang M. The effects of Environmental Regulation on China's Total Factor Productivity: an Empirical study of Carbon-intensive Industries [J]. Journal of Cleaner Production, 2018 (179): 325 - 334.

[363] Zhao X., Sun B. The Influence of Chinese Environmental Regulation on Corporation Innovation and Competitiveness [J]. Journal of Clean-

er Production, 2016 (112): 1528 – 1536.

[364] Zheng D., Kuroda T. The Role of Public Infrastructure in China's Regional Inequality and Growth: A Simultaneous Equations Approach [J]. The Developing Economies, 2013, 51 (1): 79 – 109.

[365] Zheng D., Shi M. Multiple Environmental Policies and Pollution Haven Hypothesis: Evidence from China's Polluting Industries [J]. Journal of Cleaner Production, 2017 (141): 295 – 304.

[366] Zheng S., Fu Y. and Liu H. Demand for Urban Quality of Living in China: Evolution in Compensating Land-rent and Wage-rate Differentials [J]. The Journal of Real Estate Finance and Economics, 2009, 38 (3): 194 – 213.

[367] Zheng S., Kahn M. E. and Sun W. et al. Incentives for China's urban Mayors to Mitigate Pollution Externalities: The Role of the Central Government and Public Environmentalism [J]. Regional Science and Urban Economics, 2014 (47): 61 – 71.

[368] Zhou Y., Zhu S. and He C. How do Environmental Regulations affect Industrial Dynamics? Evidence from China's Pollution-intensive Industries [J]. Habitat International, 2017 (60): 10 – 18.

[369] Zhu J., Ruth M. Relocation or Reallocation: Impacts of Differentiated Energy Saving Regulation on Manufacturing Industries in China [J]. Ecological Economics, 2015 (110): 119 – 133.